# AI 商业化

[日] 石川聪彦 著

张 歌 译

中国科学技术出版社

·北 京·

TOSHI TAI KOKA WO SAIDAIKA SURU　　AI DONYU 7TSU NO RULE
© Aidemy inc 2020
First published in Japan in 2020 by KADOKAWA CORPORATION, Tokyo. Simplified
Chinese translation rights arranged with KADOKAWA CORPORATION, Tokyo through
Shanghai To-Asia Culture Communication Co., Ltd.

北京市版权局著作权合同登记　图字：01-2021-1662

**图书在版编目（CIP）数据**

AI 商业化／（日）石川聪彦著；张歌译. —北京：
中国科学技术出版社，2021.5
ISBN 978-7-5046-9009-8

Ⅰ . ① A… Ⅱ . ①石… ②张… Ⅲ . ①人工智能 - 应用
- 商业模式 - 研究 Ⅳ . ① F716

中国版本图书馆 CIP 数据核字（2021）第 059031 号

| | | |
|---|---|---|
| 策划编辑 | 申永刚　　杜凡如 | |
| 责任编辑 | 杜凡如 | |
| 封面设计 | 马筱琨 | |
| 版式设计 | 锋尚设计 | |
| 责任校对 | 张晓莉 | |
| 责任印制 | 李晓霖 | |

| | |
|---|---|
| 出　　版 | 中国科学技术出版社 |
| 发　　行 | 中国科学技术出版社有限公司发行部 |
| 地　　址 | 北京市海淀区中关村南大街 16 号 |
| 邮　　编 | 100081 |
| 发行电话 | 010-62173865 |
| 传　　真 | 010-62173081 |
| 网　　址 | http://www.cspbooks.com.cn |

| | |
|---|---|
| 开　　本 | 880mm×1230mm　1/32 |
| 字　　数 | 113 千字 |
| 印　　张 | 6.25 |
| 版　　次 | 2021 年 5 月第 1 版 |
| 印　　次 | 2021 年 5 月第 1 次印刷 |
| 印　　刷 | 北京盛通印刷股份有限公司 |
| 书　　号 | ISBN 978-7-5046-9009-8 / F·923 |
| 定　　价 | 59.00 元 |

（凡购买本社图书，如有缺页、倒页、脱页者，本社发行部负责调换）

2012年，机器学习领域中的深度学习发展到了一个新高度。以此为契机，日本的人工智能热潮随之到来，通过对机器学习的灵活运用，迄今为止的许多棘手问题纷纷能够得以解决。另外，计算机视觉（Computer Vision）的性能也得到了极大的提升，由此，机器学习的应用范围也正在极速扩展。

大众对于人工智能的期待值日复一日地升高。然而，我们为人工智能设下的目标，与现实情况之间，其实是有着难以逾越的差距的。即便开发出了一些试行项目，但是它们在现实世界中的运用却难以为继，类似的例子不绝于耳。有许多人，他们由于人工智能在实际运用方面没有获得进展而希望幻灭。而且他们在没有对人工智能抱有正确的理解下，就妄下定论：人工智能没有用。

在这样的背景之下，我们不得不说：人工智能人才处于短缺状态。的确，2016年日本经济产业省的调查结果显示，2020年日本尖端科技人才（擅长于人工智能等软件技术的人才）有48000人的缺口。因此，有不少人甚至提出这样的论调：制作机器学习系统的对口人才，即机器学习工程师十分短缺。

我从2017年起，开启了Aidemy这一服务。该项服务旨在令用户能够在网页端简易操作计算机程序语言Python。到2020年为止，已经有超过50000名用户使用了该服务。另外，我于2018年出版了《一本书教你人工智能编程的数学》[角川（KADOKAWA）书店出版]、《用Python来学习！全新深度学习教科书　从机器学习的最基础到深度学习》（翔泳社出版）等书，为解决机器学习工程师短缺这一问题而不断向前迈进。

然而，在进入了2019年后，一些新的变化出现了。那时，我所运营的Aidemy服务正在努力迈进以制造行业、金融行业、信息技术企业等为中心的大企业。在这期间，有不少用户对我说，他们更希望我在写面向工程师的书之余，能够写一本给商务人员或规划师（Planner）的书。因此，我从2019年后，就专注于写出一本给规划师的书。我与各行各业的经营者进行了对话，他们当中有不少人都有着一致的论调，即机器学习工程师短缺，而且机器学习规划师更加短缺。

**机器学习规划师的职责是什么呢？其实就是整理出需要**

**解决的课题，以及明确机器学习工程需要获得的成果。**

即便有试行项目，但是在现实生活中却无法获得实际运用。这是机器学习规划师短缺的一大特征。虽说也有一部分人会采取"总之先用手头上的数据来推进企划吧""先模仿其他公司的例子吧"等说辞推进他们的企划。然而事实上，他们的工作进展得并不顺利。

如果想要让机器学习项目获得成功，那么就必须整理出自家公司所面对的课题，并把握住机器学习技术的特征，再以此为基础，找出机器学习中亟待解决的课题。

接下来，如果有数据的话，就分析现有的数据；没有数据的话，就以投资回报率为基准，用投资的方式来获得自己所需要的数据。

这样想来，一个机器学习规划师也需要掌握设计企划的相关技能。今后，机器学习将会成为社会必需的技能，那么伴随着这一潮流，机器学习规划师的需求也会日益增高。

人工智能风险企业也在倡导着机器学习规划师的必要性。有许多人工智能风险企业都曾接受过大企业的机器学习板块负责人的咨询。有很多咨询者似乎处于一种明确度很低的状态，他们的问题十分抽象又模糊，仿佛是处于一个找不到答案的迷宫里。他们咨询的问题，一般都是这样的："我们是希望借助机器学习做点什么的，但是又不知道该怎么做比较好"或者"希望能够使用这个数据记录，来试着做一下机器学习模型"等。

其实这些人工智能风险企业都是十分希望能够整理出这些课题，并通过讨论来得出企划方案的，但是在有限的资源之中，将这些不够清晰明了的问题全部处理完，是根本做不到的。因此，他们时常陷入不得不拒绝对方的情境："请您再稍微整合一下关于机器学习技术的大体纲要，将问题的明确度提高之后再过来……"

因此，本书从人工智能领域中机器学习商用的思考方式这一角度出发，总结出了"七个规则"。而这种思考方式也是机器学习规划师所必须掌握的。我曾跟进过许多的机器学习项目，而且在与机器学习工程师共同工作之时发现了一些规律。而我提出的七个规则，其实就是将这些规律进行了抽象总结。本书不会提到难以理解的理论和复杂的数学公式，只会以简单明了的方式为大家解说机器学习相关理论，明确商业企划当中所必需的要素，以及一些亟待明确的知识点。

因此，本书的目标读者群，首先就是正在考虑商用机器学习的规划师。相信购买本书的你，一定有着自己的想法。或许，你是机器学习板块的负责人、对机器学习的运用抱有兴趣的人或是想要了解机器学习的人。如今，市面上有许多与机器学习相关的专业书、商务书，而本书则是从最初步的地方为大家讲解机器学习。希望大家能够明确，首先一定要掌握本书所提到的机器学习技术的要点，再在推进项目的基础上巩固。

其次，本书的目标读者群就是正在考虑在企业内使用机器学习的工程师。如果你希望获得机器学习工程师需要掌握的具体技术，像算法语言、解析手法或编程等知识的话，就请移步其他图书。但是，如果各位工程师在推进项目之时，有了诸如以下的感受："怎样让规划师掌握技术"或"如何做到与企业利益相关者持续对话"等，那么本书就正适合你。作为工程师的你，在已经掌握专业的解析技术的基础上，相信读罢此书之后，更能够以实际运用技术的商务视角来强有力地开拓项目工程。

最后，本书的目标读者群就是希望使用机器学习来革新商业的经营者。相信现在，没有几家企业的经营企划关键词里还没有机器学习吧。要想推进机器学习项目，就必须有着强有力的、自上而下的管理方式。除此之外，这也要求经营者对人工智能技术有着透彻的理解。机器学习与迄今为止的系统投资的方式有着很大的差别。只有把握好机器学习这种全新的方式，才能够正确理解公司内的项目状态，以及做到最合理地分配公司资源。

迄今为止，我一直认为，学习机器学习知识是一件物超所值的好事。与英语能力等技能相比，从事机器学习的专业人士仍然很少，而且现在学习的困难程度也有所下降。在拥有机器学习技术素养后，可选择的工作范围就会宽广许多。因此，我希望本书能够帮助大家，以机器学习为第一步，去开拓未来科技的更多可能性。

# AI 商业化的
## 七个规则

☐ 规则一
应明确机器学习的投资回报率

☐ 规则二
应把握可用数据和不可用数据

☐ 规则三
应确定应该导入机器学习的领域

☐ 规则四
应提高输出和输入的明确度

☐ 规则五
应正确评价机器学习的性能

☐ 规则六
应提高对实际运用的预想程度

☐ 规则七
应创建利益相关者共生的生态系统

# 目录

# 第 一 章

# 导入AI失败
# 九成都是"隐形损失"!

## 第一节
# 人工智能早就进入了幻灭期

华丽登场的AI，即我们常说的人工智能。与世人的主流评价相反，有许多人指出，很难说人工智能有了划时代的变革，并能够进入到人们的生活之中。人工智能技术其实早就进入了幻灭期[①]。

那么，各位读者是如何认为的呢？

▸ **人工智能、机器学习……明确专业用语的定义**

为了让接下来的叙述不陷入混乱，让我们先明确一下人工智能相关专业用语的定义。首先，AI即Artificial Intelligence的缩写，翻译成人工智能。简单来说，就是用计算机来模拟人类的智能（Intelligence），并将其系统化，最终其一切行为都会变得像人类一样（Artificial）。

---

[①] 根据高德纳公司2018年的报告可知，2018年，人工智能从背负过高期待值的期待膨胀期进入了幻灭期。的确，在2020年的如今，谈论人工智能的热度要比当时低很多。

只不过，"人工智能"一词之中被灌输了许多种意义、概念与期待。为此，"人工智能"一词也符合明斯基所说的"手提箱式词语"①。这意味着，不同的人可以对其给出各式各样不同的定义，所以每个人对事物的认识很容易变得模糊。

　　为此，我们先把人工智能当成一个广义概念来看待，当成一个广义的词来认识，这才是比较稳妥的方法（图1-1）。在人工智能这一宏大的主题之中，有"**机器学习**"这一研究领域。机器学习一般被称为Machine Learning（ML）。另外，在机器学习这一领域当中，又有"**深度学习**"这一研究

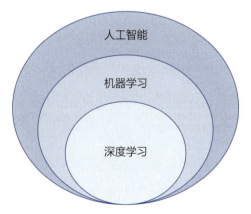

图1-1　人工智能、机器学习、深度学习之间的关系

---

① 手提箱式词语：Suitcase Word。由科学家明斯基在《情感机器》（*The Emotion Machine*）一书中所创，形容含有多重意义的词语。——译者注

领域。深度学习一般也被称作Deep Learning（DL）。稍后笔者会为大家详细地介绍机器学习和深度学习各自的含义。在人工智能领域当中，最备瞩目的领域当数机器学习。本书将主要介绍如何使用导入的机器学习这一技术来解决商业领域的问题。

## ▶ 与机器学习相关联的三种职业

一般情况下，当一个企业开始涉及机器学习时，以下三种职业需要大致区分[1]。

（1）机器学习规划师

所谓机器学习规划师，其职责就是规划通过机器学习能够获得怎样的成果，并对机器学习项目做整体的规划。有些情况下，机器学习规划会由经营者们或新项目团队、数字化转型（Digital Transformation，DX）[2]团队率先负责，也有些

---

[1] 能够同时具备这三种职业的素养的人，是不可多得的人才，这一点自不必说。然而，这三种不同的职业分别要求着不同的技能。在现实中，更为常见的是许多拥有其中一项技能的人在一起分工合作，共同推进项目的实施。因此本书也将这三种职业分开来介绍。

[2] 所谓数字化转型，是指企业为了通过信息技术（Information Technology，IT）的渗入让人们生活的各方面往好的方向发展，而使用信息技术来彻彻底底地改变业务的业绩以及业务范围。这里所说的信息技术，是广义的概念，其中也包括人工智能领域中的机器学习等。

情况下会由各个部门共同负责。

（2）机器学习工程师

一般情况下，机器学习工程师也会被称作数据工程师、数据科学家等。然而实际上，机器学习工程师指的是能够创造出平稳运用机器学习模型的系统的人。有一些公司会由企业的系统部门或研发（Research and Development，R&D）部门的人负责机器学习系统的研发，同时，也有外包给系统集成商（System Integrator，SI）或人工智能风险企业来做的情况。当然了，还有和大学的理工专业、学院等进行共同研发的情况[1]。

（3）一线操作人员（机器学习操作人员）

企业开始涉足机器学习相关业务后，就一定会认真考虑究竟怎样做才能获得收益。换句话说，企业需要在第一线实际操作机器学习，并能给公司带来收益、解决问题的人。为此，我们可以说，在制造、工厂、销售、人力资源、业务部等各个部门使用、操作机器学习的每一位员工，都是重要的存在。

---

[1] 机器学习工程师也可以细化地分为数据科学家（Data Scientist）及数据工程师（Data Engineer）。前者的职责在于数据分析，而后者的职责则在于原始数据的整理以及数据模型的设计与架构。本书并不采取这种细化的方式，一概统称为机器学习工程师。

## ▶ 机器学习是一种什么样的技术

接下来，就让我们一起明确一下，所谓机器学习究竟是一种什么样的技术。一言以蔽之，我们可以说，机器学习就是运用计算机自动地从数据里获得规律的技术。

2012年之后[①]，机器学习备受瞩目，算起来，其实距离现在还不到十年。在计算机世界当中，十年时间的发展其实还是处于蹒跚学步的阶段。因此，对机器学习来说，不论是成功的技术，还是失败的技术，其积累都少得可怜。

机器学习项目，如今成功的也好，失败的也罢，在技术方面的真知灼见都是处于稀缺的状态。因此，很多人的想法都是在模模糊糊的框架里说出来的，例如："这个机器学习技术，不如就放在机器学习项目里一边交换信息，一边搞研究吧……"所以，现在的我可以断言：要想找到机器学习技术上的诀窍，可以说是十分困难的。

今后，我们要在大范围内共享机器学习项目的成功经历及失败经历，并从这些或成功、或失败的例子中正确地总结出抽象且普遍的规律，并将其体系化。然而，尤其是机器学习在商业中的应用，总会出现这样的阶段：明明上次做的时

---

① 2012年，机器学习所涵盖的深度学习技术取得了巨大成果，以此为契机，机器学习技术也获得了世人瞩目。

候很顺利，但是这次做的时候又行不通了。目前，机器学习在商业领域的运用技巧还没有取得共享。可以说，这也是目前机器学习领域的一大重要课题了。

### ▸ 幻灭期为什么会来临？是什么时候来临的呢？

机器学习作为一门技术，其历史尚浅，仍处于初步发展的阶段。那么为什么它就进入了幻灭期呢？这是由于概念验证（Proof of Concept，PoC）这一测试方法出现，机器学习的一部分试行项目虽获得了世人的关注，但是在实际运用的阶段却屡遭失败，企划也随之告吹。可以这么说，许多机器学习的试行项目没能顺利开展，其实就在于，在技术还没有完全成熟之前，人们就对这些项目不抱以希望。

有许多人都曾有过这样的疑惑："明明是想要好好地去解决一个课题，所以才做的企划啊。难道不是因为那些做规划的人没有应有的敏感嗅觉才导致现在这样的结果的吗？"然而，即便企业在设定课题的时候的确是想着"如果这一次能做成这样或那样的事情就好了"，但是在实际操作的过程中，有不少企业的项目都难以为继，最终也没能用上机器学习[①]。

　　因此，机器学习能够解决的课题是什么呢？为了利益的提高、给企业带来积极影响及提高投资回报率，我们应该做些什么呢？这些都是本书会涉及的内容。除此之外，本书还要试着将机器学习在商业领域应用之际的技术诀窍体系化。

专栏

## 机器学习工程师聚集的社区"Kaggle"是什么？

　　在机器学习工程师的圈子中，有一些平台以提升机器学习模型性能为目的，可供工程师们共享技术上的窍门。Kaggle就是其中翘楚。Kaggle创立于2010年，2017年被谷歌收购，主要为开发商和机器学习工程师提供分析课题，并在用户之间举办机器学习竞赛、托管数据库等业务。日本主要参与的公司是瑞可利（RECRUIT）公司、

---

[①] 当然了，虽然机器学习是解决问题的方式（技术）之一，但我们没有必要为了问题的解决而强行使用机器学习。尽管这么说，机器学习仍然有很大希望成为一门突破性的技术，让我们可以解决一些迄今为止无法解决的问题。那么，在充分地了解这门技术的基础上，我们是有可能找到突破口的。因此，本书将从"凭借机器学习这门技术来解决问题"这一方向展开论述。

MERCARI公司等。参与的工程师们如果在竞赛中获得第一名的话，就会获得高达数十万元至数百万元的奖金。他们的目标就是与同行工程师切磋技艺，并努力争取获得较高的名次。

Kaggle既是一个竞赛平台，也是一个讨论平台。这些讨论就是为了提高准确程度，同时，在一些情况下，Kaggle也能够公开以前的竞赛获胜方的代码、编码，让工程师们接触到获胜方的代码解析方法，学习最新的解析方法。另外，这个平台还能够发布企业招募机器学习工程师的公告等。Kaggle的一大特征就是它既以竞赛为中心，又是一个可供大家灵活使用的社区。

## 第二节

# 屡屡遇PoC死，多数的人都陷入了幻灭

所谓PoC，就是指试行项目制作完成之后，进入试运行的状态，中文译名为概念验证。然而，许多机器学习模型都在概念验证过程中被终结，根本无法进入实际操作的阶段。所以就出现了"PoC死"这一极富揶揄意味的词语。

### ▸ 为什么会屡屡发生PoC死呢?

那么，为什么机器学习项目一到概念验证这一阶段就很容易失败呢？让我们先从机器学习的诞生到试运行环节，按照顺序认真地看一看吧。首先，将数据组成机器学习模型。我们已经在前一节中明确过，所谓机器学习，就是运用计算机从数据中来自动获取规律的技术。在这里，我们把这些被获取的规律称为机器学习模型（ML MODEL）。

如果想要实际确认这个已经建好的机器学习模型性能的话，就要对其进行实证分析，从而确认这一模型是否达到了可以投入实际应用的水平。这就是概念验证的目的所在。因此，在概念验证这一关，没有人能够保证，处在试

运行环节的机器学习模型是否能够达到大家想要的效果。概念验证这一过程，其实不过就是以"多产多死"为大前提。而事实上，类似的例子也的确很多，甚至不绝于耳。在实际的应用当中，人们是根本不可能做到百发百中的。失败是与成功相伴而行的。换句话说，机器学习模型进入概念验证阶段后，再也无法往前推进了的这一状态，就是所谓的PoC死。

当然了，作为一门技术，机器学习的历史尚浅，所以机器学习在商业方面获得成功的模式还没有真正建立起来，PoC死的概率相对较高其实也是理所当然的。然而，如果亲眼看了各式各样的机器学习项目，我们就会发现，有很多项目的失败，其实是通往成功路上必经的失败。遇到这样的失败，我们就可以高呼："很好，再试一次！"但是，还有一些失败似乎是根本就不应该去尝试的。所以，当我们开始分析导致这"不必要的失败"的原因时，就可以得出像图1-2那样的几个共同要素。也有很多人认为：说到底，即便不进行概念验证这个过程也没关系，有的企划想要挑战的那些事情，其实一看就是机器学习解决不了的事。所以，策划出这种企划，企业本身就有很大的问题。

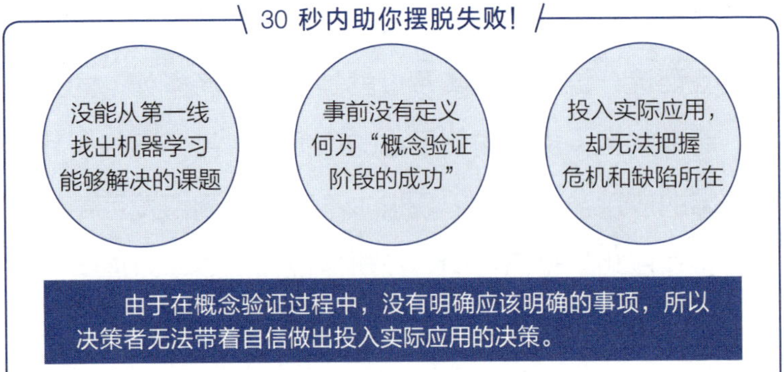

\ 30 秒内助你摆脱失败！/

没能从第一线
找出机器学习
能够解决的课题

事前没有定义
何为"概念验证
阶段的成功"

投入实际应用，
却无法把握
危机和缺陷所在

由于在概念验证过程中，没有明确应该明确的事项，所以决策者无法带着自信做出投入实际应用的决策。

图1-2　机器学习相关项目的大难关：PoC死

▸ 这样说来，不是人工智能相关的内容，也无法得到改善吗？

曾经有一段时期，只要一个东西带上人工智能这四个字，它的期待值就会倍增。最近，人们对人工智能的期待值有所降低。然而事实却是，即便是现在，也有很多人在根本没有理解人工智能是什么的情况下，就对它报以盲目的期待，甚至认为只要用了人工智能就什么问题都能解决。

其实，PoC死实例众多的一个主要原因，就是人们明明不知道机器学习能否解决这个问题，就盲目挑战（难度高的）项目。另外，有许多人做的企划都是一些即便解决了也没有实际意义的课题，而且他们还从这种企划出发，试图做出机器学习模型。除此之外，还有很多人让机器学习模型去对接的企划，其实根本就不需要机器学习的加入。

## ▶ 你做的企划，是不是过于"依赖数据"呢？

其实，"依赖数据的企划"很容易招致PoC死的结果。有很多相似的实例都是企业在还没有明确商业投资回报率或最终目标的情况下，就模模糊糊地开始讨论、做规划："总之我们有大量的数据。先用这个数据，再做个机器学习模型什么的试试看。要是顺利的话，说不定就能解决掉那些一直令我们烦恼的问题……"

打个比方，假设一家公司里有100万条销售信息、顾客信息等相关的网页登录记录，有工作人员提议将这些数据输入机器学习模型里，将这些数据当作新的销售信息来灵活使用。如果其他职员认为这个提案别出心裁的话，那么这个提案就被继续做下去了。

接下来，机器学习工程师得知了这个项目之后，很有可能处于一种迷迷糊糊的状况，不知道该如何将机器学习运用到商业领域之中。如果机器学习工程师没有明确这个提案所要求的成果，甚至带着困惑的心情，抱着"总之先试着做一做"的想法的话，那么最终得出来的结果一定会与企业最初所预期的成果大相径庭。最终的结果就是这个提案不得不从头开始做。

在没有机器学习规划师的情况下，仅仅依赖于数据而突然进行企划的话，无疑会招致幻灭期的来临。到最后，一定会有人出来说："唉，什么机器学习啊，不过如此，根本就不是什么了不起的东西。"

## 第三节
# 机器学习工程师和机器学习规划师会互相走近对方吗？

在上一小节之中，我已经叙述了当前的背景。在这样的背景之下，人工智能领域中的机器学习已经进入了幻灭期。对此，我们可以想出各种各样的理由。例如，机器学习这门技术本身就是不好的；速成培养出来的人才其实没有很好地掌握机器学习技术等，诸如此类。

企业在涉足机器学习领域之时，如果不能同时做到技术、人才两手抓的话，那么首先应该确保人才能够走近技术，理解技术。

### ▶ 谁应该最先走近对方？

上文中我曾说到，<u>与机器学习相关联的职业</u>有三种，并且我们已经明确了这三种职业的不同职责。机器学习工程师是负责建机器学习模型的；机器学习规划师则需要负责去考量建什么样的模型才能够给企业带来收益。

如果机器学习规划师和机器学习工程师相遇，那么这两个负责不同板块的人会发生以下对话。当机器学习规划师对有着商业敏感嗅觉的机器学习工程师说"我们现在有这些数据，怎样才能把它们用起来呢？"的时候，机器学习工程师就会回答说："说到底，那些数据到底是做什么的呢？"或者"用这些数据是要解决什么课题吗？它能够给公司带来多大的投资回报率呢？"

反过来也是如此。负责企划的规划师也要对编程有一些了解，比如"这些数据虽然量很大，但是其实质量并不高，即便建模，想要拿出成果也难。"就像这样，他们就会重新做出其他企划，并选择其中最可行的企划来推进项目。

然而，现实情况却是，这些项目很少有进展顺利的。更多的情况则是，机器学习工程师和机器学习规划师，以及机器学习项目团队当中的人在交流的时候，都在说图1-3那样的"危险语句"。而这些危险语句无疑会招致PoC死这一必然的结局。

在这些危险语句交织的情况之下，整个机器学习项目团队基本都会处于一种模糊的状态，并且无法挣脱出来。例如，"这么做应该挺好的""要是这样的话就最好不过了"等，这些语句会让周围人都陷入不切实际的幻想之中，从而令项目遇到挫折甚至停摆。

要想避免这一结果，就需要我们避开这些危险语句，积极去做能够拿出成果的机器学习模型。那么在这个时候，机器学习工程师和机器学习规划师应该如何走近对方呢？当然了，这两者一起走近对方是最好不过的。但是如果硬要问哪一方先迈出第一步的话，那么本人认为**最好还是由负责企划一方的机器学习规划师率先迈出第一步**。

図1-3　诱发PoC死的项目危险语句

▸ **考虑到机器学习工程师人才短缺……**

由机器学习规划师首先走近对方的理由有两个。第一，**机器学习技术没有那么困难**。为了打磨好企划而所需要掌握的编程及数学知识，其实难度并没有那么高。的确，如果你的目标是开发出机器学习的新算法等，那么你就必须掌握微积分、行列式、概率统计等知识，而且对机器学习工程师来说，最好还要掌握编程和数学等理工科知识。然而对于一个机器学习规划师来说，如果有人问："要想打磨好一份企划，需要掌握编程和数学知识吗？"自然不是必须掌握的。在读完本书所讲解的机器学习知识之后，再了解一些深度学习的核心知识及长处、短处就是最好不过了。

第二，如今的工程师，尤其是软件、机器学习的工程师处于供少求多的状态，因此即便他们不走近企划一方，对他们的工作也不会造成任何不便。换言之，考虑到企业内的现实状况，**刺激工程师一方主动走近企划一方的诱因少之又少**。在公司内部，如果过度要求工程师一方走近企划一方的话，反而会导致工程师跳槽到更加欣赏自己的其他公司里去[1]。

### ▶ 应该将"商业投资回报率"纳入视野之内

与哪一方如何走近对方无关，在涉足机器学习之际，最

---

[1] 我并不主张工程师不需要走近企划一方。如果各位工程师读到这一段的话，我强烈推荐各位工程师能够掌握一些企划的相关知识。这是因为兼备工程师技术与规划师技术的人才是十分珍稀的，可以得到公司更多的器重。

为重要的一个视角就在于"**商业投资回报率**"。这里所说的回报率视角，与后文中将要叙述的"**七个规则**"相关联。这七个规则，聚焦在如何令投资回报率最大化之上，是人们整合了各式各样的机器学习项目相关实例后整理出的共同要素。在投资如何获得改善、课题如何才能得到解决、如何能够赚钱等方面，商业投资回报率这一概念是最为重要的。本书将统一采取"投资回报率"这一用词，并且对其进行解释说明。

试想一下，在一个机器学习项目中，分别有一个机器学习规划师和一个机器学习工程师。假设机器学习工程师对商业有着灵敏的嗅觉，当机器学习规划师说"我们这里有这样的数据，但是输入机器学习模型里却不怎么好用"的时候，机器学习工程师就会回答说："那如果解决了这个问题，预计会带来多大的投资回报率呢？"进而这两人就会展开一番讨论。

反过来也是如此。机器学习工程师会提出假说："虽说数据成千上万，数量是足够多，但是质量却不太好，投资回报率也是。所以我们应该重新选取数据。"接着双方就开始进行相应的企划。那么这个时候，机器学习规划师就可以与预测出投资回报率的机器学习工程师对话，讨论出需要的必要数据以及最新取得的成果等。

## ▶ 从经济价值的角度去考虑企业的投资回报率

谈及企业的投资回报率，从经济价值的角度来考量的话应该让人更加容易理解。换句话说，投资回报率的基准，就是投资究竟能够给企业贡献多少利润。这个时候就有两种考虑方向。其一，就是通过提高给用户的附加价值的方式来提高销售额；其二，就是通过过程的改善而带来成本的降低。

在机器学习项目当中，如果机器学习模型不通过概念验证这一关的话，我们是无法知道模型的性能究竟如何的。另外，想必所有人都会认为：只要是性能高的，就一定好。但是在性能这一点上，也有着各种各样不同的指标。

在机器学习的情况下，我们可以将我们所希望达到的性能与投资回报率合在一起进行讨论。打个比方，假如通过机器学习模型在大工厂进行机器的故障检测的话，就可以试算出目前的成本可以获得的回报。"如果检测的准确率超过了99.9%的话，其准确程度就相当于超过了人类，就可以完全实现自动化了。这样一来，一年就可以削减100人份的劳动力成本。如果一个人的平均年收入是500万日元的话，那么总共省下来的钱就是5亿日元。因此，即便企业为机器学习模型建模投资5亿日元，也是能做到收支平衡的。"

### ▶ 通过理解投资回报率来加深讨论

我们继续用上面的故障检测的例子来讲解。如果加深了对机器学习的投资回报率的理解的话，企业内部就会进行这样的讨论："准确率到达99.9%是不可能的，但是达到98%却不是不可能。""以前做故障检测都需要100个人。现在如果准确率是98%的话，那只要50个人就可以应付了。"

另外，再举个检测产品不合格率的例子。想必真正理解了的人之间会这样边进行实证检测边讨论："假如近三年内，人们在进行检测的时候，合格产品自然直接通过放行，如果看到异样的产品，检测人员就会把它们挑出来进行二次检测。我们把所设定的性能目标定为98%而不是99.9%。这样一来，我们所需的投资额只要之前的一半，即2.5亿日元即可。""我们先把准确率设定为90%。总之，我们是希望避免人们看漏不合格产品的情况。为此，我们就需要在机器学习中加入二次检测来降低漏掉不合格产品的概率。即便只是做了这一件事，我们也可以减少客户的投诉，提高产品的满意度。"

然而直到今天，却还是有很多实例表明，不少企业在不考虑投资回报率的情况下，就十分天真地认为：只要用了机器学习，准确率肯定就能达到100%。而且他们在做出这样的判断之后，就开始开展项目。完美的人类是不存在的。同样地，机器学习的准确率也不可能达到100%。真实情况就是，企业在不考虑投资回报率和性能二者之间的关系的情况下，就贸然进行企划、讨论，甚至开始将机器学习模型投入实际应用的话，是无法获得成功的。

第四节

# 早在进入概念验证阶段前，就注定了 PoC死这一结果

相信有许多人，在机器学习模型进入概念验证这一阶段之前，想的都是：希望能尽可能地提高模型的性能！然而，比起"希望尽量快点完成"这种说辞，还是像"希望24小时之后，能够得到明确的结果"这样，明明白白地说出一个具体的时间日期，才更容易将项目进度推进到下一阶段。因此，在项目开始之时，你就应该将你所期待的目标性能的具体数字十分明确地告知机器学习工程师等团队成员。例如，"希望达到百分之多少的准确率"等。

在没有设定具体目标的状态之下就进入概念验证阶段的话，机器学习工程师不知道具体期待的目标，这无异于在黑暗中摸索。这样开展下来的项目，最终走向PoC死这一结局也是必然的。

### ▶ 在最开始的时候就设定好对性能的期待值

如果在最开始的阶段，就明确地设定出你所期待的目标值，例如：这次希望准确率达到99.8%。这样一来，机器学习工程师在接手这一项目之时，内心对任务的难易度就会有一个大概的判断。这样做的话，机器学习工程师就能够更快速地做出符合期待值的模型。如果机器学习工程师判定此次任务难度过高的话，就可以在进入概念验证阶段之前决定是否叫停此次项目。

换言之，即便在性能查证方面，概念验证发挥着巨大的作用，也要考虑到在机器学习项目的最初阶段就明确地确定**"希望达到百分之多少的性能"**，提高任务的明确度才是更重要的。所谓企划的**"提高明确度"**，是指**从企划阶段开始，就明明白白地明确性能及投资回报率。**

### ▶ 机器学习的瓶颈

在机器学习当中，我们应该避开什么样的状态呢？就是像"我们先进入概念验证，再讨论希望达到的性能目标"这样，在没有明确目标性能的情况下，就将项目推进到概念验证阶段的状态。在这样的推进方式之下，机器学习工程师心里并不知道自己的目标何在，也不知道怎样试行才好。而这样的推进方式对于机器学习规划师来说，容易让他在不知不觉间抱有很高的期待，当他认识到项目的推进不顺利之后，项目就很容易失败。

然而现实却是，有很多项目都是在这样的方式之下推进的。也就是说，PoC死的根本原因并不在于"概念验证还没获得成功"，而是"还没有人定义出何为成功的概念验证"。

而这一点也是机器学习走向社会的制约瓶颈所在。

## 第五节

# 机器学习真正需要的究竟是什么?

在本章的开头,我曾指出,机器学习的定义就是:运用计算机自动地从数据中获得规律的技术。也可以说,如果在某些领域当中,即便不能做到自动地从数据中获得规律,但通过人类对规律的掌握,也仍然可以发挥作用的话,其实这个领域就没有必要导入机器学习。

### ▶ 其实很多项目并不需要机器学习

假设这里有并不复杂的规律,那么在人类掌握这一规律后,就可以按照这一规律来做出系统。这样其实就完全可以了。假设当我们在预测不合格产品的时候,如果机器的声音达到了一定音量以上的话,就代表这个机器肯定出了故障,会制造出不合格的产品。那么在这种情况下,我们就可以在这些机器上安装声音采集装置,如果这个机器所发出声音的音量已经超出了规定值,就会引发警铃响动。其实在这种情况下,只要做到了以上事项就完全能够解决问题了。所以说,像这样的规律,只要人类采取相对应的对策就完全可以，并不需要机器学习的介入，更不需要特地去倡导、歌颂机器学习了。现在有许许多多的技术都在鼓吹机器学习，但是其实其中多数都没有必要去使用机器学习。

所以说，不需要机器学习也能解决的那些课题，就必须避免使用机器学习去解决。这是因为机器学习模型的成本很高，并且无法保证100%的准确率。不论是什么样的技术都一样，从商业的角度来看，我们要想保护这项技术使它更好地发展下去，就必须进行严格的监管，使用这项技术去做应该做的事。

### ▶"自动"是什么意思?

机器学习的定义是运用计算机自动地从数据中获得规律的技术，但是所谓"自动"，其实就是"一个数据和另一个数据的关联性不需要人类来定义"。打个比方，让我们来看一看表示质量的单位"千克( kg )"和"磅( lb )"的换算关系。

$$1千克（kg）= 2.2046磅（lb）$$

换言之，我们得知1千克等于2.2046磅。本书所说的"规律"，其实指的就是这样的关联性。另外，假设我们还不知道这个规律的话，该用什么样的方法通过机器学习来获取这个规律呢？为此，我们应该取得可以明示千克和磅的关系的数据。打个比方，假设我们得到了表1-1这样的数据。

表 1-1　千克（kg）与磅（lb）的关系

| 千克（kg） | 磅（lb） |
| --- | --- |
| 0.30 | 0.676212 |
| 0.50 | 1.18735 |
| 1.0 | 2.24922 |
| 1.3 | 2.93731 |
| 2.0 | 4.46469 |

图1-4将以图的形式展现这种关联性。

这样用图的方式展现出来的话，相信大家都会注意到这两者之间有着某种关联性。那么让我们把这些点连成线，在图1-5中展示出来。

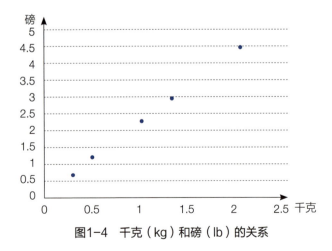

图1-4　千克（kg）和磅（lb）的关系

这个线段的数学公式如下。

$$1千克 = （1磅-0.0439）/ 2.2149$$

我们现在得出了一个和原本正确的公式十分相近的数学公式。就像这样，根本不需要人类刻意地给出规律，只需要将数据集中在一起就能够得到与其原本的规律很相近的规律。这就是"自动"得出规律的基本原理。

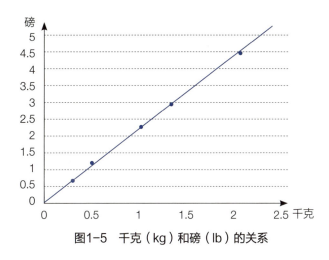

图1-5　千克（kg）和磅（lb）的关系

▶ **图像识别也遵从"自动"这一"道理"**

在上文中，我们介绍了千克与磅的例子。其实在图像识别当中，其原理也与之相同。即便人类原本不知道图像识别的规律（关联性），但是只要集中数据，机器学习就能够自然而然地找出其中的规律（关联性）。

千克与磅的那个例子，其法则是十分简单的。即便不使用机器学习，人类自己找到规律的难度也是不高的。但是，在图像识别的情况下，如果要人类自己找规律的话，它的难度与前者相比就十分高了。

打个比方，假设我们需要用图像识别"8"这个数字（图1-6）。大家都能够深刻地理解数字8的定义吗？写得十分潦草的数字8，大家也能够一眼将其认出来吗？假设我们将其定义为：有两个圆圈，并且两个圆圈紧挨在一起。对这个定义，相信大家也一定会提出疑问："那圆圈的定义又是什么呢？"相信还会有人辩驳说："手写8的话，不一定写出来的就是圆圈。"或者"如果横着写两个圆圈的话，那就是无穷大的符号了。所以两个圆圈挨着，不一定就指的是数字8。"

图1-6　不同形式的数字8图像

现在，让我们再做一个假设：我们已经完全得出了数字8的形状的定义。其实在日语当中，如果仅仅考虑数字、字母、日语的平假名、片假名的话，那么日本文字的种类不过有130多种而已。所以要从中得出规律也不是那么难。但是日语中不仅仅有这些，还有汉字，而且光是常用汉字就有2000多个。到了这一步，要人类去找出一个一个文字的规律，是根本做不到的，这是极其不现实的。

那么在这种情况下，使用机器学习的好处也就得以凸显。在没有必要用人力来得出规律的情况下，如果是数字的识别的话，那就收集数字图像数据以及与这个数字的图像所相关的数据，剩下的事情就交由机器来自动地找出规律（表1-2）。

使用机器学习当中的**深度学习**这一技术，准备好7000组、10种左右的数字图像与正确数字的数据，并进行训

表 1-2　手写的数字图像与正确的对应数字

| 手写的数字图像 | 正确的对应数字 |
| --- | --- |
| 8 | 8 |
| 8 | 8 |
| 8 | 8 |
| 2 | 2 |
| 6 | 6 |

练，最终完成的机器学习模型的准确率可以达到99%以上。想必大家已经了解到，这是一项非常便捷又实用的技术了吧。

另外，在这种情况下，各位机器学习规划师所需要掌握的技能，就是能够明确"从什么中能够预测出什么"。比如，从图像中可以预测出这个产品的状态是正常的还是异常的；看到小说可以预测出作者；从过去的销售额可以预测出将来的销售额；等等。当我们考虑何为机器学习的时候，我们需要囊括目的以及想要做的数据性质等因素，做出综合的判断。因此，这项工作只有人类可以做。

### ▸ 机器学习到底在做些什么呢？

接下来，让我们来看一看机器学习模型平时到底在做些什么。让我们继续深入探讨一下图像识别的那个例子吧。

在计算机上，图像是可以转换为数字的。假如我们这里有一张28像素×28像素的黑白图片（图1-7）。那么这个时候，在每个1像素×1像素之中，都有着显示黑白程度的数字。换言之，我们可以说，这个图像里有着28×28个数字。

机器学习所做的就是通过机器学习模型对这10000个数字进行转换处理，在识别到数字的情况下可以将要素集中

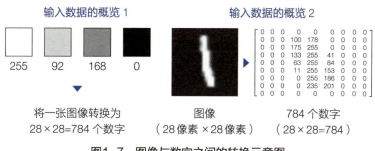

输入数据的概览 1　　　　　　　输入数据的概览 2

255　92　168　0

将一张图像转换为
28×28=784 个数字

图像
（28像素 ×28像素）

784 个数字
（28×28=784）

**图1-7　图像与数字之间的转换示意图**

到10个。

　　如何集中、选择要素？要选择出什么要素？这些问题的解决方法其实不需要人类逐一制订，计算机就可以替我们完成。假设人类所需要的是输入数据的话，那么只要准备好大量的28像素×28像素的图像，就可以验证机器学习模型是否能够正确地（像人类所期待的那样）进行转换。

　　对于机器学习工程师来说，其实不论是数字识别还是人脸识别，只需要转换数据即可。事实上，对他们来说，全程代码（Plumbing Code）几乎都是一样的。换言之，其转换逻辑并不是能够由人类来操纵的。

　　另外，在机器学习当中，深度学习技术，尤其是图像识别技术，在各种各样的领域中都实现了极高的性能。除了深度学习以外的机器学习，在迄今为止未能发挥性能的领域当中，也开始逐渐发挥作用了。

## 第六节

# 掌握"机器学习商业模式画布"概念

在前文中，我们已经看到了许多在推进机器学习项目时需要注意的事项。那么接下来，让我们来看一看，在开始推进机器学习项目之前，我们应该如何在事前做出定义并提高项目的明确度呢？这一提高项目明确度的过程，就是**机器学习商业模式画布**（ML Business Model Canvas）。接下来，我将对其进行具体的介绍。

**图**1-8是笔者的公司Aidemy Business在进行各种各样的机器学习项目时，将共同的要素进行抽象化后所考量的内容。笔者相信不论什么样的公司，不论导入的是什么样的机器学习，这张图都会给诸位以帮助。因为这张图所涵盖的都是最基本的概念。在机器学习当中，一个机器学习规划师最应该去考虑的事情是什么呢？主要来说，就是三件事：**规划、建模、部署**。接下来，将就这三点分别进行简短的介绍。

图1-8　机器学习商业模式画布

（图内文字）

30 秒内助你摆脱失败！

规划
课题和概要　投资回报率

使用机器学习的理由

前提条件的变化

导致性能提升和性能降低的原因

建模
输入数据 ➡ 输出数据

部署
实际运用

作为成功基准的性能

## ▶ 规划阶段应该掌握什么？

　　首先，在规划阶段，我们应该明确商业的投资回报率，也就是说，我们需要明确，在实际建模的时候需要解决什么样的课题，如果解决了那个课题会产生怎样的投资回报率。如前文所述，投资回报率是随着性能的优劣而变化的。我们应该在事前确认好，要想获得期待的投资回报率的话，我们应该设定什么样的性能目标呢？这个目标能否通过除机器学习以外的技术来达到呢？等等。

## ▸ 建模阶段应该掌握什么？

接下来，在建模阶段里，我们应该明确：关于数据，我们需要将什么样的数据转换成怎样的数据。这是什么意思呢？我们打个比方，就像是将写有大量的"文字"的图形数据转换成从0到9的数字或从A到Z的字母一样。

如果我们在事前就通过层层讨论，对模型、规划等相关的要素都做出定义，将其明确的话，就会给未来省去许多麻烦，项目也就不再需要打回去重新做。

## ▸ 部署阶段应该掌握什么？

所谓部署（Deploy），是指配置、展开项目的意思。在信息技术中指的则是可以利用开发的机能或服务的状态。或许读者会有所担心，怕这一部分的内容对于机器学习规划师来说难以理解。但是担心终归是没有任何用处的。在这里，笔者不会涉及具体的技术条目。反之，笔者只会稍稍提一些在商业里适用的"使用方法"，为大家留下一些印象。

打个比方，假设在一家主营商品贸易的公司里，其销售人员每天经手处理的商品大约为一两千种。然而，尽管他们很想知道每天应该卖给客户什么东西才是最合适的，但他们始终没能得到答案。假设他们在进行商务洽谈的时候只是凭直觉，只要直觉告诉他们"卖给客户这个商品的话，客户应该会高兴"，他们就进行相应的提案。在这个时候，如果导入机器学习来为销售人员提出建议的话，那么商务洽谈的成功率也会有所提高。

假设机器学习工程师已经开发出了这样的机器学习模型：即便提出的提案与客户的需求稍微有所出入，但是如果按照机器学习模型给出的建议来展开商务洽谈的话，公司贸易的总成交率还是会有所上升的。

然而，在现实中使用机器学习模型的人（在这个例子中，就是听从机器学习模型给出的建议的销售人员），并不一定会按照它给出的建议来展开商务洽谈。一定会有人自尊心很强，认为"这种建议根本不需要"。另外，也一定会有人在接受了一次错误的提案之后，就对这个机器学习模型丧失了信心，从此再也不去使用了。

像这样，就算机器学习模型的性能再高，如果不去考虑使用者的接受度或规则设计等因素的话，就很有可能无法顺利导入机器学习，从而使项目难以进展下去。在部署阶段当中，必须考虑到最终使用的场景，在探讨的同时，考虑到人类对机器学习的感情与渴求等，并基于此去探讨、去定义部署阶段应有的样子。

还是用上文说到的贸易公司的例子。假如，将"在全部商品当中选择三种最合适的商品"这一建议变成"选择十种最合适的商品，并给它们分别进行打分并排行"。其实这一转换，无非就是销售人员把机器学习模型当成了一种辅助销售的手段，并将它给出的建议变成销售人员更容易接受的形式而已。但是这样一来，机器学习建模的方法也就会随之变化。

我们需要以最终使用者的接受度为基础，将部署方法等都纳入考量范围当中，最终确定出"输出的内容"，并加以定义。通过这样的过程，我们就可以在很大程度上避免前文中提到的"根本没必要的回头重做"。

### ▶ 机器学习商业模式画布以外的框架模型

机器学习商业模式画布的模型，在与机器学习相关的项目当中几乎都有相对应的例子。不同的机关、企业和团体都在采用着不同的机器学习框架模型。而其中之一则是"**跨行**

业数据挖掘标准流程"。

所谓跨行业数据挖掘标准流程，即Cross-Industry Standard Process for Data Mining，简称CRISP-DM，是国际财团所提倡的数据分析项目的模型。从商业理解到数据理解、数据准备、建模、评估、部署、分享等，它涵盖的内容十分全面。并且该模型并不是单方向地进行展开，而是会根据不同的需要进行多次的重复，并最终不疾不徐地得出贴切的结果。

这是和机器学习商业模式画布模型十分相似的思考方式。我建议大家汲取不同的模型所传达的内容，并掌握其中最为精华的部分。另外，笔者认为，我们应该对应各自所处的行业，选择一项最为适合自己的模型来给本行业带来发展与深化。而这一点其实也是我们能够做到的。

机器学习不论在什么样的情况之下，都不会一条路走到黑，也不会只要一试就能成功得到推进。我们需要看透在我们的商业当中，机器学习究竟怎样才是最合适的，并且避免不必要的试行错误，但与此同时，我们还要尝试各种各样的可能性去推进我们的项目。

## Society 5.0是什么？

所谓Society 5.0，就是继狩猎社会（Society 1.0）、农耕社会（Society 2.0）、工业社会（Society 3.0）、信息社会（Society 4.0）之后的第五大社会。这是一个充满社会变革意味的词语，是以政府和经济团体联合会为中心的日本所提倡的概念。Society 5.0所示的，就是根据人工智能、物联网（IOT）、第五代移动通信技术（5G）、云服务器等信息技术而发生的商业形式的转变。

仅仅依赖人工智能而得到问题解决的实例的确十分稀少，但是将全部的信息技术融合到一起而得到活用的例子却很多。在Society 5.0社会中，所需要的就是对这些信息技术的全盘掌控力。

## 第七节
# 你在运行项目的时候，是否意识到了"制约条件"呢？

在推进机器学习相关项目的时候，我们应该明确关于**制约条件**的问题。打个比方，假设一个工厂的流水线每秒可以过100个热水瓶，那么在这个流水线上安装机器学习模型操控的不合格产品检测装置时，如果不将检测速度设置在10毫秒以下的话，流水线就会陷入停滞。因此，这个检测速度就是机器学习建模时的一大制约条件。

## ▶ 在规划阶段共享制约条件

对机器学习工程师来说，尽管做出推论很耗费时间，但是在设置检测速度的时候，是1秒最为合适呢，还是100毫秒最为合适呢，还是必须设置在10毫秒以下呢？根据检测速度的不同，建模方法也会随之发生很大的改变。为此，作为一个机器学习规划师，从规划到部署的阶段，应该在事前就将这些制约条件全写出来，让机器学习工程师能够在制约范围之内建模。

举个例子，假如机器学习工程师得知"10毫秒以下可以进行不合格产品检测"的话，那么不仅仅在机器学习的建模阶段需要考虑这个制约条件，也需要在工厂流水线设计及应该是用什么照相机等硬件的选择上费一番功夫。这样一来，就可以进展到工厂设备变更需要花费的成本，也可以讨论到在建模之前机器学习成本所带来的投资回报率。

专栏

## 大数据热潮？人工智能热潮？数字化转型热潮？

在日本，从2012年前后，就开始有许多人追问从"大数据热潮"而来的数据的必要性。2015年，人工智能热潮开始出现，人们尝试如何灵活运用数据来发展商业。2019年，数字化转型热潮兴起，人们尝试提倡全面使用信息技术来解决问题。

这些热潮的本质，以及人们真正想要倡导的内容都是共同的，那就是以软件和数据为中心的变革。恐怕仅仅是因为三四年内都是同一种热潮的话会惹人厌倦，所以人们才会定期地给这些热潮改名字。但是在10年之内，这些热潮的本质都是一样的。

**第八节**

# 很重要！提前定义好成功的条件

在开展机器学习项目之前，有一件非常重要的事情需要我们去做。那就是，我们应该提前定义好：使用什么样的数据、达到什么样的性能才可以被称作是成功。有不少的实例都是这样的：许多机器学习项目在最初的定义阶段就十分模糊，并且一直在这种模模糊糊的状态下被人们往前推进。人们都是一边想着"总之我们有着庞大的数据，想想能用它们干点什么吧"，一边往前推进项目。

这样的思考方式，或许在导入机器学习之际还情有可原，但是如果人们一直在这种状态下去推进项目，那么项目的结局只会是PoC死。尽管笔者在前文中已经说过这一点，但我们应该这么想，导致PoC死的原因，并不是概念验证阶段没有获得成功，而是<u>没有人定义出来什么才是成功的概念验证</u>。

▸ **事前去定义、提出假说，大幅推进项目**

什么才是我们应该考虑到的要素呢？其实答案在于前文

中提到的机器学习商业模式画布。在规划、建模、部署这三个阶段当中，最为重要的一件事就是我们应该去想清楚究竟要用什么样的数据去解决什么样的课题，以及怎样应用模型才是真正意义上的应用得当。在规划、建模、部署这三个阶段当中，如果我们每一个阶段都分别有着明确的想法，那么即便是遇到了PoC死，也不会就这么草草终结项目，得出"试了一下，结果不行"这样草率的结论。反之，我们会十分明确地认识到，究竟是规划、建模、部署这三个阶段当中的哪个阶段出了问题，应该怎样去解决问题，下一步应该怎样行动，诸如此类。在接下来的第二章中，笔者总结出了七个规则，它们可以帮助大家更有针对性地解决以上问题。因此，请大家一定要继续阅读。

专栏

## 不要说"失败"！

如果人的脑子中只有成功和失败这两个词语的话，那么他的机器学习项目将会陷入"多产多死"的怪圈，更加容易失败。这样一来，会有更多的人用更加消极的目光去审视机器学习项目。

那么，就让我们把它们换成其他的词语吧。从前，在我和堀江贵文先生对话时，他曾指出："如果使用'部分成功'这种说法的话，就可以避免往消极的方向上引导。"事实上，堀江贵文先生曾有过这样的成功事例：他将注意缺陷与多动障碍（ADHD，又称多动症）改称为"多动力"。仅仅凭借这小小的改动，就让身边的气氛变得更加轻松。在机器学习项目中也是一样，我们不是重复遭遇"失败"，而是反复地做到了"部分成功"。

# 第 二 章

# 投资回报率最大化
# 企业应当遵守的七个规则

# 七个规则让机器学习的效果最大化

说到使用机器学习得到了商业上的成果的案例，大家都会有这样的感受：这些项目在投入实际应用的时候，没有获得太多瞩目，并且这些企划乍一看会让人觉得很"土味"，最终的成果也并没有获得众人的理解、没能完全地发挥其作用。然而在业内人士看来，一般效果看起来不太明显的项目，反而会带来巨大的成果……类似这样的项目应该是很多的吧。这一类项目，没有人们公认的成果项目那样成效显著，但是对使用者来说，它的便利性却十分之高，如同空气一般伴随使用者左右。

## ▸ 身边的机器学习的效果

有一个例子，对使用者来说应该是十分易于理解的。一家著名媒体（新闻网站）使用机器学习的图像展示功能，通常来说，在这种新闻网站上传新闻的时候，都是由记者和编辑来决定如何上传、如何剪裁图像的。而且这些图像需要配合新闻内容来选择、编辑剪裁，这一系列的工作做好之后，图像才可以进行上传。那么这项工作就要求工作人员做到能够让该图像的尺寸适应计算机、手机画面等多项端口，因此，这项工作十分耗费时间，并且主要都是由人类来完成的。而且很多时候，网站方也并不清楚上传哪种照片才更能够吸引人们的点击率。

于是，这家著名媒体开始使用机器学习来选择、剪裁图像。他们使用过去的数据来建模。例如，如果是棒球新闻的话，就选择在剪裁人脸并用这个尺寸的情况下，点击率就比较高等类似这样的窍门。现在，这项工作不再由人类负责，而是由机器学习来进行建模，并最终可以为人类剪裁出合适的图像。

▶ **页面浏览量（PV）提高，大额广告收益也就有了**

即便是有了与以上事例相对应的例子，但从使用者的角度来看，其实对门户网站（Portal Site）的变化并不会有太大的实感。然而实际上，一经使用该机器学习模型，新闻的点击率就会增加，新闻网站整体的页面浏览量也会随之增加。听起来似乎是不怎么利他的事情，但是会产生极大的效果。

这样一来，该著名媒体网站主页的月浏览量会增加到上亿的级别。假设点击率仅仅上升0.1%，网站整体的浏览量就会上升10万以上。以这个庞大的流量为武器来进行广告营销的话，网站营业额的提升也将指日可待。同时，假设一个月可以提高10万～50万日元的媒体价值的话，一年就有可能提升数百万日元的价值。

就像这样，乍一看有些普通，但是效果足以值得期待的机器学习项目，才是真正可以走到实际应用的那一步的项目。为了推进这样的机器学习在商业中的良性运用，笔者总结出七个规则（图2-1），希望大家都能够掌握。

＼ 30 秒内助你摆脱失败！ ／

规则一
应明确机器学习的投资回报率

规则五
应正确评价机器学习的性能

规则二
应把握可用数据和不可用数据

规则六
应提高对实际运用的预想程度

规则三
应确定应该导入机器学习的领域

规则七
应创建利益相关者共生的生态系统

规则四
应提高输出和输入的明确度

图2-1　机器学习商用的七个规则

## 规则一
# 应明确机器学习的投资回报率

## 细则（一） 初期应明确项目的投资回报率

让我们来假想一下，有一家工厂导入了机器学习并投入到商业应用当中。再具体一些的话，假设这个工厂导入机器学习应用于生产第一线的最终产品检测中，实现了完全自动化地检测不合格产品。如果这个工厂原先雇用了20名检测人员，他们的平均年收入为500万日元的话，那么导入机器学习可以为工厂一年削减高达1亿日元的劳动力成本。这就是机器学习用于商业时的投资回报。

如果这个机器学习模型的准确率达到99.9%才能够真正实现上述的劳动力成本削减的话，那么该工厂就可以以达到上述准确率为目标，开始推进机器学习项目。

### ▶"不管了，先用机器学习试试吧！"陷阱就潜藏在这句话之中

本书早已多次重复一点，那就是在最初的阶段，公司需

要做出关于投资回报率的预想，这一点至关重要。我们需要提前预设，从商业的角度来看，这个项目会带来多少的投资回报率，并且判断出这个项目的可行性。为此，我们在最初阶段就必须明确投资回报率，即投资多少钱，能够得到什么样的效果。为了达到这个目标效果，这笔投资是否是有意义的。

然而，机器学习的历史尚浅，有不少过往的实例都表明，企业在发起项目之时，其实都没有明确它的投资回报率。即便进行了深度的讨论，但结果还是决定先去试试看，就像这样："不试着做的话就什么都不知道，反正不管别的了，先试试吧！"正因如此，在迈出第一步的时候，至关重要的就是明确投资回报率。

▸ 所谓性能，究竟是什么意思？

与其他的信息技术系统有所不同，机器学习独有的一个论点就是"性能"。当机器学习模型投入实际的应用之后，它的性能是有可能发生改变的。因为机器学习无法做到正确地预测出过去没有发生过的事物，所以伴随着实际的运用，它的性能也会随之降低。为此，在项目的开始阶段，我们需要通过讨论得知我们所要求的机器学习模型的性能到底达到什么程度，这一点十分重要。

让我们来看两个例子吧。

1. 准确率99.9%，可以实现不合格产品检测的完全自动化，投资回报为每年可以削减1亿日元的劳动力成本。

2. 准确率95%，可以实现不合格产品检测的半自动化，投资回报为每年可以削减5000万日元的劳动力成本。

想必很多人都会认为，第二个例子不能够完完全全地发挥机器学习的价值。但是根据不同企业所处的不同状态，第二个例子也很有可能是一个非常实际可行的选项。比如，假设一家工厂真的一下子就到了全自动化检测那一步，那么万一出了什么问题，工厂的风险性也是很高的，而且工厂也很难一下子找到很多专业人员过来收拾烂摊子。在这种情况下，工厂就可以选择第二个例子，从半自动化开始运转。

就像这样，我们不应该单单主张"准确率越高越好"，而是应该考虑到现实的操作情况，具体情况具体分析，最后得出结论，如"能够实现准确率百分之多少是最好的"。

## 什么时候能够实现汽车的无人驾驶？

说到人工智能在现实世界的实际运用的话，人们首先会想到的一定是汽车的无人驾驶了吧。根据国际自动机工程师学会（SAE International）的标准，无人驾驶技术共分为L0~L5六个等级，从L3等级开始，无人驾驶技术的主体就是系统了。

到达L5等级，就相当于到了完全自动化的阶段，可以由无人驾驶系统无条件完成所有的驾驶操作。但不得不说，要达到L5等级，这个难度是可想而知的。然而从目前来看，L4等级的无人驾驶可以在出租车上实现，而且有望能够较早完成。我们可以限定出租车的驾驶区域、时间带以及所处天气状况等，从而完成出租车的无人驾驶。

因此，可以想见，如今我们需要收集必要的数据来提高机器学习模型的性能。例如，从日本东京都内的白昼时长、天气状况、高速道路等方面开始有层次地推进无人驾驶。

# 细则（二）　提出假说，将性能与投资回报率连接在一起

关于投资回报率，笔者已经在前文中提到过，必须在项

目规划最初的阶段就提出相应的假说。另外，关于机器学习项目，如果能够通过提出假说来将性能与投资回报率连接在一起的话，就可以让企划的内容更加清晰明了。

### ▶ 性能与投资回报率存在着实质的交点

要想证实假说，就必须很清楚地了解自家公司能够承受得住什么程度的成本，以及做项目需要耗费多少成本等问题。如果不把这些问题弄清楚的话，就无法证实假说。然而反过来，以预计投资回报率为出发点来计算的话，又可以重新提出假说，计算出能够耗费的成本的最大值。让我们看着图2-2来思考一下吧。

性能和投资回报率并不是两条不相交的平滑的曲线，而是两条有着阶段性的实质交点的曲线。假设我们的目标性能是图2-2中的（b），那么这个时候，如果我们预计每年会收益5000万日元的话，就可以提出以下提案："拿出1000万日元用于检测是可以的吗？"或者"是否可以将那笔预算用于购买新的传感器呢？"等等。如果这时候公司发现会议中算出来的预算和原定的预算之间相差悬殊的话，我们的可选择范围就会随之变大或变小。

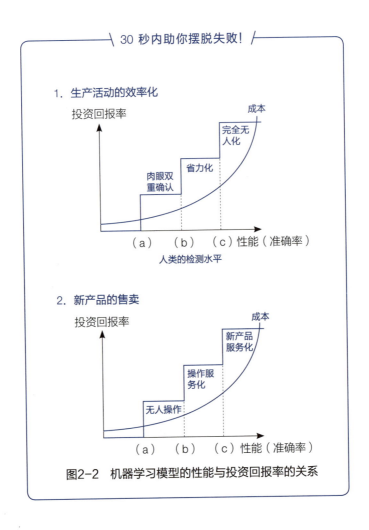

1. 生产活动的效率化

投资回报率

成本

完全无人化

省力化

肉眼双重确认

(a)　(b)　(c)性能（准确率）

人类的检测水平

2. 新产品的售卖

投资回报率

成本

新产品服务化

操作服务化

无人操作

(a)　(b)　(c)性能（准确率）

图2-2　机器学习模型的性能与投资回报率的关系

## ▶ 完全依赖数据，就是走向失败的第一步

在机器学习项目当中，有不少实例显示，一个企业开始准备导入机器学习之时，都是以手头拥有的数据为前提来讨

论如何运用这些数据等问题的。的确，通过灵活运用手头的庞大数据，可以在很大程度上削减获取数据的成本，并立刻进入建模过程。

然而，这样的项目在推进的过程中，大多都无法进展顺利，最终的结局也都是PoC死。为什么会这样呢？这是因为，在这样的项目推进方法之下，真正做出来的机器学习模型经常与亟待解决的课题相去甚远。**最为重要的其实还是在最初的阶段就明确什么才是真正需要解决的课题。**在这个前提之下，再类推出性能需要达到什么程度，需要有多少的投资回报率等。通过这样一个过程，投资预算也会得到明确，并且还可以根据需求，在预算范围内获取新的数据。

比如，我们在遵守上述规则的情况下，就可以做出如下的有优势的决策："要是解决了某某问题的话，预计每年可以提高收益3000万日元。至于解决方式，还是机器学习最为合适。尽管现在我们手头没有数据，但是我们可以花约200万日元购置传感器，并在数周之内积累数据。然后就能够建模了。"

尽管已反复提到多次，但请允许笔者重申：在机器学习项目当中，如果在一开始的研讨阶段就抱着"总之先看看手头这些庞大的数据能干点什么"这种模模糊糊的想法的话，等待着诸位的必定会是一条荆棘之路。手头是否有庞大的数据并不重要，重要的是要学会有目的地去选取自己需要的数据。

### ▶ 从规则一的失败案例中思考一下

让我们来看一看规则一中的失败案例吧。

有一家工厂，它的每个房间、每条流水线、每个机器上都贴着手写的清扫、检测回执单，如：几时几分清扫了某某、几时几分检测某某结果正常等。这家工厂的管理者认为这些留存在仓库中的记录已经做了十年以上，可以说是十分庞大的数据了，如果将这些数据和职工离职的记录进行对照的话，或许就可以从这些数据中获悉什么样的职工更容易从公司辞职。因此这家工厂的管理者认为使用机器学习可以为他们预测出职工离职的离职率，于是他们启动了机器学习项目。

然而实际上，他们在看到这些数据后才发现，由于这些数据全部是纸质保存，因此如果想要将这些数据电子化的话，那就差不多要花费500万日元。虽然这是一笔不小的投资，但是他们笃定地认为做机器学习项目就是要花钱，于是干劲十足地投了这些钱，将这些数据进行了电子化。然而这些记录都是手写的，有部分缺损，而且这些记录都是由人工完成的，免不了有很多错漏之处。总之，结果就是这些数据根本用不了，项目也因此中途宣告失败。

在这个案例中有一个十分重要的点，那就是根本没人能够确定这些既有的数据是否真的是最好的选项。如果项目的课题是预测职工离职率的话，或许当时就需要获得一些与职工离职相关的新数据。而且从工厂所需求的性能来说，这个项目到底应不应该启动呢？或许对于这些问题，这家工厂也应该重新进行一番慎重的考虑。

工厂所需求的性能大概是什么程度？要是达到了这一目标的话，能带来多少的投资回报？其实更好的做法是以这些假说为基础，反过来计算效果，并以此为出发点，引导出实际能够花费的金额，再重新选择数据。

专栏

**要注意每日上报的工作日志**

问一个问题：一家公司里是否潜藏着大数据呢？想必很多人都会给出答案：这些数据潜藏于职工每日上报的工作日志中。

然而，真正可以信赖的工作日志其实是少之又少的。这是因为在工作日志的背后，都潜藏着每个人不同的态度，所以这些工作日志很少能够客观准确地去反映一个现象。因此，即便我们用这些数据建模，做成的机器学习模型也很难达到足以投入实际应用的程度。将这些工作日志电子化很费力气，而且在机器学习建模时，最好还是使用不夹杂人类私人感情的数据。

　　接下来，应该积累什么样的数据呢？如果读者有了这样的想法，并考虑做企划的话，那么请牢记一句话：欲速则不达。

## 细则（三） 比较机器学习与人类

　　机器学习能立刻超越人类？！这是个天大的误会。

　　在前文中，我们提到了预测职工离职率的机器学习模型。其实我们需要更加深入地去挖掘一下这个模型的必要性。

　　事实上，在拥有着数千员工的公司当中，管理层要去十分细致地观察到每一个公司员工，是不太可能实现的。因此，凭借人力去预测每一个员工的离职可能性是十分困难的。像这种大公司，我们使用机器学习去帮助它推测职工离职率的话，机器学习会起到很大的作用。

然而，如果是只有几十个员工的小公司呢？只要公司的总经理去认真审视自己的每一个员工，其实靠他自己的直觉，也是能够推测出员工内心的倾向的。事实上，如果你直觉上认为这个人"有可能会辞职"的话，那么这个人在一年内辞职的概率真的会很大。类似的例子也相当常见。在比较人类与机器学习模型的能力时，有很多例子都像这个例子一样，人类比机器学习模型表现得更加优秀。

## ▶ 人类与机器学习的能力比较

在考虑如何解决各式各样的问题时，其实有些问题由人类来解决是更好的，而有些问题交给机器学习模型来解决更好。在很多情况下，二者合作可以将问题解决得非常好，大可不必非要在二者当中选出一个。举个例子，假如我们需要检测不合格产品，不合格率大约是0.01%（10000个产品中有1个不合格产品）。那么就由机器学习来负责从10000个产品中挑出10个有可能是不合格的产品，再由人类来辨别这10个产品究竟是不是不合格的。这种形式的合作其实是可以实现的。

在这里，让我们来考量一下人类和机器学习各自的优势和劣势吧。请看图2-3，探讨一下**早期成本、运转成本、可**

扩展性和其他方面这四点。

首先是早期成本。或许笔者的表达有些不严谨，但是人

| | 机器学习 | 人类 |
|---|---|---|
| 早期成本 | 开发成本<br>数百万～数千万元 | 雇佣及培训成本<br>每人数千～数十万元 |
| 运转成本 | 0.01 元 / 次 | 1000 日元 / 小时 |
| 可扩展性 | 可复制 | 不可复制 |
| 其他方面 | 擅长部分特定任务，<br>可 24 小时工作 | 擅长通用性任务，<br>灵活，可随机应变 |

\ 30 秒内助你摆脱失败！/

图2-3　机器学习与人类的能力比较

类的早期成本是非常低廉的。很多人或许会认为人类的早期
成本大多都是雇佣、培训成本等，每人差不多会花费数千元
（人民币）到数十万元不等。如果要构建一个机器学习模型的
话，一般都要花费数百万元甚至数千万元。因此从早期成本
上来说，人类的优势是压倒性的。

其次就是运转成本。对于人类，即便可以每天做数百次
确认，也做不到上亿级别。类似这样的例子是十分常见的。

但是，如果是非常简单的、按时间计算（1000日元/小时）的那种体力劳动的话，那么人类是完全可以胜任的。因此我们可以说，这种领域的工作没有必要去进行机械化的改良。

在从前的机器人技术中，盛饭和拧螺钉等都曾经是高难度任务。为此，机器人技术的发展也就停留在完成"指示在什么位置盛饭、如何拧螺钉"等任务的层次上。然而事实上，盛饭或者拧螺钉的都是人类。渐渐地，也有人开始通过运用机器学习技术及机器学习中的深度学习技术来让机器人负责类似的任务。像这样雇一个人，1小时给几十元钱就可以解决的任务，却偏偏要花上数千万元来运用机器学习解决，与之相似的例子数不胜数。至少，如果是大公司运用机器学习来做的话，那么运转成本还可以便宜一点。

然后就是可扩展性（即适应能力，是否可以适应使用者的增多、工作规模的增大）。虽然人类无法复制，但是像信息技术系统，包括机器学习模型，都是可以复制的。因此，如果一个工厂的流水线、分工厂很多的话，就可以运用机器学习。它的可扩展性强，可以在实际应用当中更好地发挥优势。

最后，如果要再表达一些自己的看法，那么笔者想说，对以实现随机应变的思考及行动为目标的通用人工智能研究来看，其实目前人们还没有理清楚研究的头绪。就连研究人员都说："很难预测出一个可以完成目标的明确时间。"也就是说，现在的现实情况就是人工智能只能做人类已经企划好的特定任务。而这一点正是它的一大弱点。举个例子，如果遇到了地震的话，人类就知道应该躲在桌子底下或跑到什么地方去避难。然而那些运用机器学习的盛饭机器人，不论它们可以把饭菜盛得多么美观、漂亮，也做不到一边大喊着"地震了！"一边跑去避难的。对于没有编程好的事情，它们无法做出任何反应。

然而，人类做不到24小时工作，但机器学习可以做到，而且机器学习也不会对自己的福利待遇有所不满。其实，人类和机器学习都有各自的优势和劣势。因此，各位使用者应该认真地考量出在实际应用中各自的优劣之处，并进行深入的对比。

## ▸ 别太过期待机器学习

有不少例子都显示，那些运用机器学习的项目，在企划之初，它们创意的着眼点都是：希望通过机器学习的应用，可以让所有人都能够掌握工程师的技术或业务成绩良好的商务人员的技巧，让所有的员工都做到业务熟练。这个想法本身并没有问题。如果能做到这一点，企业就会很大程度上节省劳动力、削减成本，并带来销售额与利润的增加。

然而，将机器的操作运转完全做到自动化也有其弊端。那就是当机器学习遇到它没有经历过的项目时，它就会变得束手无策，毫无作用。让我们举个例子，假设现在机器已经学习了一个优秀的便利店店长的技巧，并且已经做到提升了门店的销售方式，优化了这个技巧，只要正常地去训练机器学习模型，那么在平时，它就可以毫无问题地代替店长工作（如订购商品、指示店内工作人员等）。然而即便如此，机器也无法很好地应对过去未曾过发生的、预想之外的事情。假如说，这时候下了一场几十年一遇的大雪。如果是人类店长，那么他就会随机应变地拿出应对方案，如由于下了大雪，决定提早关闭便利店、催促店里的工作人员早些离开等。然而，如果过去没有发生过同样的事例（几十年一次的大雪、催促工作人员离开等事例）的话，那么机器是无法做出这样的指示的。

最后，笔者介绍一个运用了机器学习模型之后，反而遭到社会蔑视的事例。2015年，谷歌公司推出了一个人工智能功能，即图片自动标记功能。结果一对黑人情侣的照片却被自动标记成了大猩猩。谷歌公司在事后当众道歉，并删除了大猩猩、猴子等灵长类标签，而且调整了算法以保证今后不再发生类似的问题。

如果是人类的话，其实是可以根据常识，做到避开那些含有不尊敬或歧视意味的表达的。但是对机器学习来说，它所依靠的只有事先输入的数据和标签。因此，它无法考虑到人类所想的这一步。机器学习会知道它做出的判断是否是不谨慎的判断吗？如果我们不将相关的数据输入机器学习当中，那么机器学习是无法像人类一样做出灵活的应对的。通过这个事例，我们可以再次确认这一事实。

## 细则（四） 确定机器学习项目与成本的关系

我们在前文当中，在考虑投资回报率的前提下，一直从"回报"这一角度展开论述。那么现在，让我们将视角切换到"投资"吧。换句话说，我们需要从成本的角度展开探讨。现如今，与通常所说的信息技术投资相比，机器学习耗费的成本是相当巨大的。或许在未来，随着技术的革新，机器学习的成本应该会逐渐回归到较为合适的水平上，然而现如今，成本问题的确是机器学习的一大弱点。

机器学习项目可分为**运行准备、试运行、实际运行**三个阶段（**图2-4**）。

首先，所谓运行准备，指的是为建模做的收集、整理数据的工作。接下来，试运行就是运用机器学习进行建模的阶段。在概念验证过程之后，我们会发现有不少模型的性能都

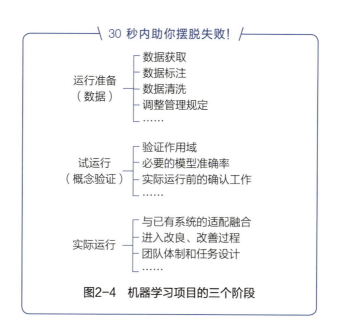

图2-4 机器学习项目的三个阶段

没能达到所要求的程度。在这种情况下，我们就要尝试各种方法来试着提高性能，如重新获取数据或不断重复运行准备和试运行这两个过程等。最后，就是实际运行。在实际运行这个过程当中，机器学习模型在通过性能测试之后开始得到运用，并开始创造出利润。接下来，让我们来看一下每个阶段的具体内容吧。

## ▸ 建模前与建模后，成本会发生变化

我曾许多次被问到过类似的问题："机器学习从企划到

最后运行，大概得需要多少成本呢？"然而，即便是细化到了某一个具体的企划案，在建模前就正确地预估出成本也是十分困难的。如果硬要说出点什么的话，那就是对性能的要求越高，所需要花费的成本也就越多；要想让该项目能够顺利运行的话，就需要建足够多的模型，建模建得越多，花费的成本也就越多。

另外，在机器学习项目当中，除了建模，还有许多其他的任务。在机器学习项目的前期工程、后期工程当中也会花费大量的成本。

让我们先来看一看前期工程吧。在考察将"不可用数据"转换成"可用数据"的方法时，我们会再次提到前期工程。这部分的内容容后再叙。现在，在考虑机器学习成本时，我们会想到**标注（指对文本、音频、图片等各种形式的数据进行标注）**这一操作。打个比方，在机器学习的**监督学习**[①]中，想要让机器在看到狗的图片之后立即能识别出来这是狗的话，就必须将一张张狗的照片输入进去，并附带上"这是狗"的信息。如果不这样做的话，就无法创建机器学习模型。这是个很重要又很基本的操作。标注这一操作十

---

[①] 机器学习按学习方式可分为监督学习、无监督学习、强化学习这三大类别。其中监督学习是利用已知类别的样本调整分类器的参数，使其达到所要求性能的过程，它是这三大类别中运用最为广泛的一种方法。

分耗费人力，并经常会产生预想以外的成本。如果外包这一操作的话，那么成本就可能是一张图片几分钱。但是如果需要使用的数据是保密数据的话，就无法外包标注这一操作。

另外，在前期工程当中，我们还经常需要做**数据清洗**这一操作。比如，如果要识别在工厂内拍摄的照片，鉴于白天拍摄的照片和晚上拍摄的照片的日照方向是不同的，那么这个时候我们可以在拍摄环境上下功夫，即在日照方向相同的前提下再次进行拍摄。然而在这种情况下，之前拍摄的那些照片就全部没用了。因此，为了不让图片由于日照方向而发生性质上的改变，我们可以采取一些方法，例如在计算机上进行操作来改变图片，在手机上编辑图片改变亮度、色调等。在进行改变拍摄环境等处理之后，图片的不同之处也会随之消失。这种基本的简单操作其实也可能会花费超乎想象的成本。

另外，还有调整管理规定的问题。说到底，我们究竟可不可以一直使用机器学习来分析数据呢？持续地将数据收集到云服务器是好事吗？在决定推进机器学习项目的时候，读者可能会遇到一些前所未有的问题。

### ▶ 项目在建模完成后才开始

机器学习项目在后期工程当中也有着各种各样的任务。

例如，机器学习模型与已有的系统进行适配融合，以及改良、改善这一作业工程，以确保机器学习模型的性能能够持续提高。另外，将以往训练的数据输入机器学习模型中后，如果机器学习模型没有得出正确的推论结果，就要**再次训练**这些数据来提高性能。

像前面介绍的一样，机器学习与其他系统不同，机器学习项目并不是只要做出模型就结束了。另外，像上文所说，由于有着各种各样的附带任务，成本很容易变高。基于这一特点，我们要求的则是"**看透投资回报率**"。有的时候，机器学习项目结束概念验证，投入实际运行后，所需要的成本可能会一下子增多。此时才是我们真正看透所需成本的时刻，因此感到震惊、错愕也是常有之事。

"这要花的钱是真多啊！"

"这成本远超我们想象啊，太高了！"

在笔者运用机器学习经商后，类似的话语经常能从客户们的嘴里听到。然而，从接受订货方的角度来说，这些都是理所当然的事情。因为他们从前期工程跟进到后期工程，跟了项目的全程。

在预估成本的时候，十分重要的一点就是不要败在不该做的事上。因此，我们应该贯彻落实一件事：不要去做那些最终效果都是半吊子的事情。在开启项目时，我们需要防患于未然、考虑到附带任务，并且在理解机器学习这一容易耗费成本的特点后再去预估投资回报率。这些都是十分重要的。

### ▸ 温习一下成本的耗费方式

为什么机器学习项目容易耗费成本呢？到现在为止，只要着手做机器学习项目，就会多出来许多根本未曾想到的工作，如数据标注等附带任务。不只是这样，由于机器学习工程师很少，因此每个人的劳务费都是非常高昂的。

在网页或应用程序制作时，我们考虑的问题大部分都市场感十足，如：做一个主页要多少钱，做一个应用程序要多少钱，等等。假设做一个带博客功能的公司网站要花费数十万元（人民币）到数百万元。然而，如果是做机器学习项目的话，由于其繁杂的工作和高昂的人工劳务费，在预估成本的时候大多都不会像信息技术部门那样市场感十足，而且管理人员要考虑到各种附带任务，就要花费相当多的时间。

### ▸ 要想深入论述成本就要理解系统整体

接下来，介绍一个真实事例。有一家公司，预算为300万日元，想要用机器学习来检测不合格产品。他们购买了

3台搭载着高性能中央处理器（CPU）、高性能图形处理器（GPU）的计算机，每台均价100万日元。就这样，这家公司在工厂内开启了项目，并且真的构建了一个高性能的机器学习模型。

这家工厂有20条流水线。然而在实际运用机器学习模型的时候，却发现又要追加购买17台同样的计算机才可以，也就是说，需要追加1700万日元的预算。

这家公司并没有对从项目启动到最终的阶段要做什么、如何做及希望获得什么样的效果等内容进行足够深入的讨论，而是只考虑用高性能的计算机先提高一部分流水线的性能，就匆匆忙忙地开启了项目。

"我们希望最终能够花300万日元的预算来改进20条流水线，所以每条流水线的预算就是15万日元。不合格产品的检测准确率达到九成就可以。总之，我们实际运用机器学习模型是为了做双保险和双重确认，尽可能地降低我们看漏不合格产品的概率。"如果公司能够从这样的角度开始讨论，那么在这样的起步阶段，就会有效防止各类错误的出现，并且可以在进入概念验证阶段前讨论出是应该投资该项目，还是应该投资其他项目。

## 规则二

# 应把握可用数据和不可用数据

## 细则（一） 判断数据能否使用

正在考虑导入机器学习的经营者们，基本上都会有这种简单的想法：本公司有大量的数据，希望能够尽量将这些数据用起来。然而，机器学习工程师接手这些工作后，在很多情况下，他们只想告诉经营者们一句话："这些数据根本用不上。"在第一章中笔者就提到过，这是机器学习总是遭遇失败的一个原因。

想要避免这种情况，**把握可用数据和不可用数据就变得十分重要了**。重要的不是有数据，而是有可用数据。

### ▶ 什么是不可用数据？

不可用数据究竟是什么意思呢？请看**图2-5**，打个比方，格式不统一的数据就是不可用数据。

什么是格式统一的数据呢？所谓格式统一，它所要求的不仅仅是数据的格式，而是数据的"格式及记录内容皆完

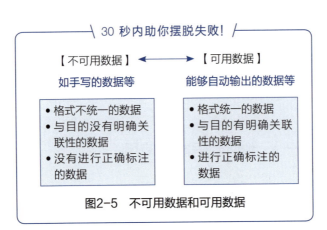

图2-5　不可用数据和可用数据

备"。比如,像销售、工厂等内部的工作日志那样的数据,虽然从格式上来说都很统一,但是其内容的标记和数量、比例等都是各不相同的。所以这些数据无法直接进行解析,反而需要人工再次进行修正。为了让这些数据容易被解析,还需要重新改进数据。多出了这一项工作,就等于多出了许多从未设想到的劳动力成本和时间成本等。

所谓"与目的没有明确关联性的数据",指的则是手头所有的数据和真正想要预测的信息之间不存在关联性。例如,在许多工厂当中应该都有**可编程逻辑控制器**(Programmable Logic Controller,PLC)**时序数据记录**。可编程逻辑控制器采用可编程的存储器,在存储器内部存储执行逻辑运算、顺序控制、算术运算等操作的指令,控制各种类型的机械设备或生产过程。如果用这个可编程逻辑控制器时序数据记录来预测销量或预测公司的发展程度，由于数据和目的完全是两个不同的主题，因此这二者之间是不存在关联性的。像这样的数据就是与目的没有明确关联性的数据。

另外，还有很多事例都是手头上有数据，但是并没有在对数据进行正确标注的前提下进行解析，结果最后解析不下去。如前文所述，在机器学习中有监督学习和无监督学习。假设这里有一张图片，那么监督学习是指在正确标注图片中为何物后再进行学习，而无监督学习则是不进行标注。这二者中，在没有对数据进行正确标注的状态下直接建模的无监督学习，它可适应的领域就相对较少。更多的机器学习项目都是对数据进行了正确标注的监督学习。数据如果不进行正确的标注就直接拿来使用的话，是根本用不了的。

### ▶ 是否是符合规则的数据？

格式是否统一呢？与目的之间的关联性强吗？在制作数据的阶段就应该以上述这两点为基准来明确规则，并且根据这个规则来制作数据。至于结果如何，与是否遵守上述规则息息相关。

即便规定了规则，但如果机器学习规划师和机器学习工程师不能在现实中遵守规则去操作的话，那么规则就没有任何意义。所以团队、部门、公司等各方，在获取数据之际就应该共同商议并探讨出一个共同的规则。如果可能的话，还需要准备一些能够在计算机等端口自动获取到的数据。

确实，可用数据越多，对机器学习模型性能的提升就越有帮助。但是，可用数据少是无可争议的事实，因此，从这个角度来说，我们需要做的就是如上文所说，不要过于依赖数据，而是要有目的地去进行探讨，为获取所需要的数据而进行投资，最终获得所需要的数据。

### ▶ 从不可用数据到可用数据

有时候，聚集在我们左右的尽是那些不可用数据。比如，在检测不合格产品的那个事例当中，即便有着各式各样的产品图片，但是并没有在图片上做出"是否为不合格产品"的标注。然而换种角度来看，即便手头所拥有的数据是不可用数据，但是如果我们使用数据标注和清洗等操作就可以将这些不可用数据变成可用数据。关于具体的操作，将在下一节中进行深入的讨论。

# 细则（二） 将不可用数据转换成可用数据

笔者在本书中反复强调：做企划的时候不应该过度依赖数据。这是因为在现实中，不可用数据占比很高。笔者曾亲眼见过许多机器学习项目的开展，其中九成以上的数据都是不可用数据。不可用数据究竟是什么样的数据呢？让我们从前文中提到的工作日志来重新看一看吧。

有一家公司，保存了整整十年的员工工作日志。这个数据本身是十分庞大的。然而，这家公司在大约三年前更换了在工厂设置的机器维护业务，工作日志的书写格式与规则也随之改变。这样一来，尽管这家公司的确保存了十年的工作日志，但是实际上，可用数据却只有最近这三年的。

即便管理层知道维护人员有所更换，他们也不会知道具体书写规则的改变。所以尽管他们口口声声说"本公司保存着十年的工作日志，数量庞大"，然而，但凡他们认真看了那些数据就会明白：那些数据根本就是不能用的，即便分析了也没有任何意义。

接下来，看一个故障检测的真实例子。有一家工厂，它一般都是凭借老工人的直觉来判断故障。如果仔细问老工人这种直觉从哪来的话，他们的回答就是通过触摸机器感受机器的热度与振动，以及听声音来辨别机器是否出了故障。然而很少会有人在工作日志中仔细记录自己是如何凭借直觉来分析故障的。那么在这种情况下，如果想要将机器学习应用到故障检测中，我们就应该从振动计和温度计中获取数据。

如果工厂手头并没有振动计和温度计的数据，就只能去寻找其他数据。例如，像可编程逻辑控制器时序数据记录这种数据，每个工厂应该都有。如果一旦开始了数据解析却又没有出现想要的结果，就要重新装置振动计和温度计来获得新的数据，也就是说，像图2-6一样，通过"获得新数据"来得到"可用数据"。

另外，我们还有其他的方法，可以将不可用数据变成可用数据。方法之一就是数据标注。将那些没有进行正确标注的数据添加上正确的标注。那么在数据标注的时候，我们要如何准备正确的标注呢？假设不合格产品检查数据有10万个，其中不合格率为1%，那么这里就有1000个不合格产品的数据。这样一来，我们就将这些数据分别标注为"合格产品"和"不合格产品"，再进行建模①。

---

① 这个例子所提到的是判断合格产品和不合格产品两种产品的机器学习模型。其实在一些时候，要获得不合格产品的数据是非常困难的。那么在这样的情况下，就只使用合格产品的数据来建模，训练"合格数据"，如果发现某个产品的数据与合格产品的数据不相符，就判定该产品为不合格产品。这也是一种机器学习建模的方法。

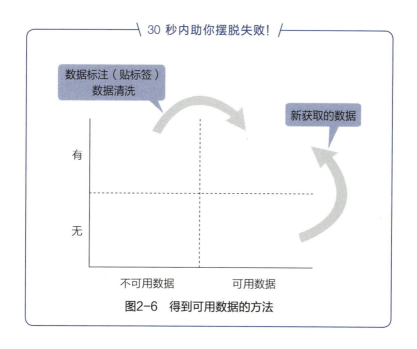

図2-6　得到可用数据的方法

## 细则（三）　收集与占据竞争优势息息相关的数据

在机器学习中，数据的存在不是充分条件而是必要条件。也就是说，要想提高机器学习模型的性能，就需要数据。但如果仅仅有数据，也是不够的。机器学习是基于过去的数据来建模的。在建模之后，我们越用这个模型，产生的数据就会越多。那么在这种时候，我们就可以令数据**再学习**，这样机器学习可覆盖范围就有可能增加，模型的性能也可能会持续性提高。

另外，如果我们手头的数据都是不可用数据的话，那么我们就无法直接进行机器学习建模。所以，我们应该持续性地将不可用数据转换成可用数据（如通过数据标注等操作），那么这一过程就需要花费许多意料之外的劳动力和金钱。

### ▸ 用数据来提高性能是占领竞争高地的必要条件

那在机器学习建模的时候，我们至少需要多大的数据量呢？当然了，不同的项目、不同的案例所需要的数据量都是不同的。还有一些情况是如果不以年为单位来积累数据，就无法积累到可用数据。那么这种情况下，在积累了一年份的数据后再进行建模是比较稳妥的。然而，积累数据并不单单只是观察、累计数据那么简单。作为一个企业，需要像图2-7那样，能够在整个过程中捕捉到占据竞争优势地位的方法。换言之，在必须积累一年份的数据才能进行建模时，即便仿照其他竞争公司的机器学习模型，也要花费很高的时间成本。因此，可以说，花费一年以上的时间，才可以帮助我们占据竞争优势地位。

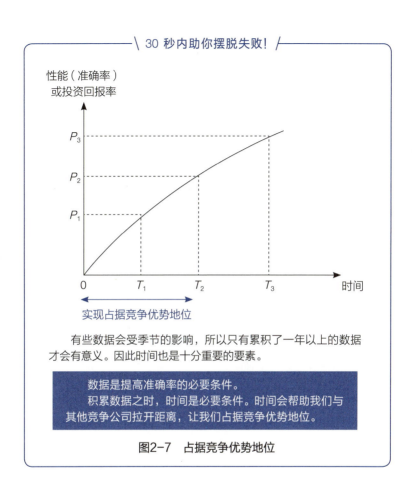

性能（准确率）
或投资回报率

$P_3$

$P_2$

$P_1$

0　　$T_1$　　$T_2$　　　$T_3$　　时间

实现占据竞争优势地位

有些数据会受季节的影响，所以只有累积了一年以上的数据才会有意义。因此时间也是十分重要的要素。

> 数据是提高准确率的必要条件。
> 　积累数据之时，时间是必要条件。时间会帮助我们与其他竞争公司拉开距离，让我们占据竞争优势地位。

**图2-7　占据竞争优势地位**

## ▶ 数据的积累帮我们占据竞争的优势地位

迄今为止，一家企业如果想要在竞争中占据优势地位的话，需要考虑到各个方面的因素，如资金筹措能力、人才、技术、专利数量、与其他企业的关系等。**以机器学习建**

模为目的的数据积累会为企业带来竞争优势，这意味着企业在竞争的过程中，需要把数据也纳入考量范围。

　　如果其他公司也想和读者的公司建同样的机器学习模型，就需要一段积累相同数据的时间。这样一来，如果你的公司先启动项目的话，就会占据优势地位。另外，在占据优势地位的这段时间内，通过获取新的数据，可以为客户提供有着更高附加价值的产品。这样就进入了提高机器学习模型性能的良性循环，连锁效果[1]也会随之产生，最终这将会成为提高企业竞争力的源头所在。

▸ **大企业的优势不在于"拥有数据"，而在于"拥有能够积累数据的基础设施"**

　　尽管前文中已经提到过多次，那些手头上的数据很少能直接拿来使用。所以最为重要的事情就是定义什么才是可用数据，并合理安排如何进行投资来积累数据。对大企业来说，拥有一些既有的数据并不是值得自豪的优势。在投资之后，拥有能够积累数据的基础设施才是真正的优势。

　　打个比方，我们拿业务遍布日本的物流公司为例。假设

_____

① 产品和服务的使用者越多，其产品和服务的附加价值也就会越高。

一家物流公司拥有40000台货车，在全国范围内展开业务，如果我们在这40000台货车上都装上感应器的话，那么在一个星期之内我们就能得到这40000台货车在全国范围内的数据情况。如果一家小的物流公司只有1台货车的话，那么它需要花费40000个星期的时间才能获得相同程度的数据。就像这样，中小企业如果想要获得全国性的数据，就需要花费无比漫长的时间和无比庞大的人力。所以说，它们想要做出和大公司同等程度的机器学习模型是无比困难的。

### ▶ 从经营的角度来看机器学习的使用

从经营的角度来看，一个公司需要重视多少数量的专利及多大额度的研发成本可以达到一定的技术指标，并确保公司处于竞争优势地位。与此同时，我们还应该注意到，**即便花费了许多成本，也要重视数据的获取**，先于其他公司完成机器学习模型的构建，并设计出有利于积累用户数据的制度体系。通过这样的努力，我们就比其他公司更早一步做到令机器学习为自己所用，并可以为用户提供新的附加价值。这就是在人工智能时代占据竞争的优势地位（图2-8）。

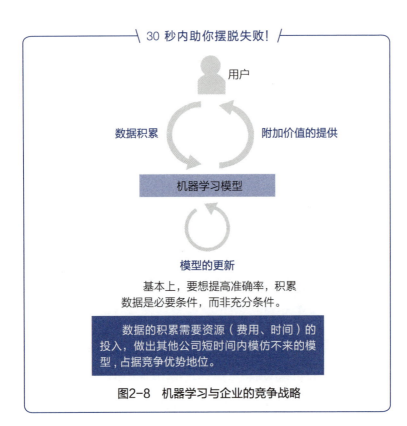

图2-8　机器学习与企业的竞争战略

专栏

## "确认是否是人为操作"的背景变化

当我们在网页上登录自己的账号时，经常会被要求输
入验证码。这就是通过自动确认操作（Bot）来防止有恶

意用户进行自动登录的手段。

在数年前，输入验证码的方式还很单一，一般都是要求用户输入图片上的字或字母来证明输入者是人类而非机器人。另外，这背后还隐藏着另一个目的。这些字或字母是光学字符识别（OCR）无法识别的，但是可以被人类识别。借人类之手来输入这些文字，可以帮助推进图书的电子化保存进程。这就是鲜为人知的第二个目的。近年来，又有许多新的验证方式出现，如展示一张照片，然后要求用户"选择出哪个是机动车"或"选择出哪个是道路标识"等。

这与图书的电子化相同，背后隐藏的目的就是借助人类之手来推进数据标注的进程。所以我们可以知道，这种验证确认的过程也会不知不觉地促进数据标注的发展。

## 细则（四） 与物联网的结合，让硬件也能够不断完善

2012年，随着深度学习这一算法的发现，第三次人工智能热潮应运而生。然而，支撑着人工智能热潮的并不是算法。这十年左右的时间内，云技术得到快速发展，存储所花费的成本也越来越低。由此，保存数据的成本也随之变得十

分低廉。在这种情况下，不在意成本花销而尽情存储数据就成为情理之中的事。

　　让我们来思考一下，**硬件（机器人）**借由**物联网**而被安装机器学习模型的案例。通过物联网，各式各样的数据储存在云服务器，那么我们就可以利用这些被储存在云服务器的数据来更新机器学习模型，从而将机器学习模型安装在硬件当中。迄今为止，硬件很难与网络分割开，一旦硬件出厂就无法进行更新。然而，物联网可以让各种各样的硬件连接到网络，硬件也可以制作得像微博那样的软件一样。在发售了这样的硬件后，我们可以不断地对它进行改善来提高其完成度。

### ▸ 物联网，硬件与软件的结合

　　像这样，硬件实际上也可以在用户使用的过程中接收用户的反馈，并对自身不断进行改善。对于硬件的制作方来说，他们可以一直取得用户的实际使用数据。之后，再使用这些数据来更新硬件，让硬件的使用感变得更好，并且持续循环这一过程。从前我们的观念都是产品在用户买到手的那一刻是最好的。然而现在，这个观念早已成了过去时，迎来了一百八十度的大转变。换言之，硬件与软件融合在了一起，并逐渐开创新的可能性，让硬件的使用感不断地得到提升。

### ▶ 物联网的本质与占据竞争优势的战略

如今，在硬件上搭载物联网已经得到了很大的普及，并且风头十足，很受欢迎。通信成本陡然下跌，并且日常家电等硬件也可以连接通信设备，由此，这些硬件的使用数据就随时能够上传，其中就可能包括能够提高硬件性能的数据。如图2-9所示，使用这些数据后，人们可以通过更新软

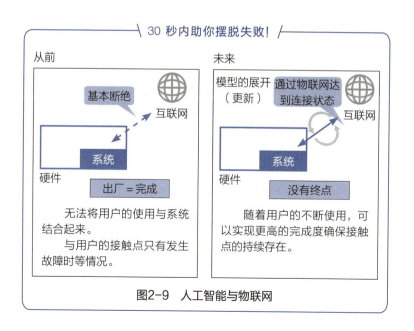

图2-9 人工智能与物联网

件做到更新机器学习模型。

即便我们可以通过物联网来获得数据，但是每个用户究竟如何来使用这一硬件，也是不尽相同的。因此获取各式各样的数据并非在一朝一夕之间。只有积累一定的时间，才能够获取用户长期大量的使用数据。之后，我们可以灵活运用这些数据来更新机器学习模型，从而将模型导入硬件当中，硬件的附加价值就会随之增高，投资回报率也自然会提升。

人工智能与物联网的相遇带来很大的变革。这是一件划时代的、创新的盛举。迄今为止的那些关于硬件的观点，如"我们应该保证产品在卖到用户手中的那一刻是最好的"等经营观念，现在也可以随着时代的发展而得到更正。今后，"根据用户的不同使用方式，让用户的使用体验感越来越好"这样的思考方式或许会成为主流。

▸ 订阅商业模式之下，走在最前方的价值提升型商业

"根据用户的不同使用方式，让用户的使用体验感越来越好"这样的思考方式，和订阅商业的流行颇有渊源。所谓订阅商业，就是"目标并非一次性付清，而是根据服务及商品的使用市场、使用人数，收取相应价位费用的提供型商

务"。也可以理解成，这种商业模式就是一个月收一个月的费用。

让我们来看一下身边的微软办公软件Microsoft Office。大约在十年前，一套Office大概需要几百元到1000多元，而且其目标仍然是一次性付清。在以一次性付清为目标的商业模式下，每月销售成绩的好坏会直接影响到每月销售额，所以每月销售额的浮动都很大。从经营者的角度来说，每月的盈亏都很容易出现很大的波动，如图2-10所示。因此可以说，这是一种不稳定的商业模式。

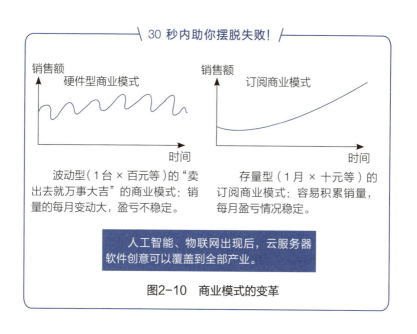

图2-10  商业模式的变革

最近，以这种一次性付清的方式来购买Office的用户越来越少。反之，使用"Office 365"这一订阅模式的跨平台办公软件的人越来越多。所谓Office 365是指用户只要一个月支付几十元就可以在一个月内随意使用Office的产品。这种商业手法更加容易吸引用户，而且随着销量如同千层蛋糕一样的不断累积，每月的盈亏波动也会越来越小，从而构筑起一个稳定的商业模式。另外，Adobe的售卖方式也变成创意应用软件（Creative Cloud）这一订阅模式。就像这样，软件企业早早就开始转型，朝着订阅商业模式的方向发展。这一转型也开始浸透到硬件的世界。

再举个例子，NTT DOCOMO公司的"BIKE SHARE"共享单车项目也是一样的道理。在启动该项目的时候，购买电动自行车就花费将近10万日元。该项目的商业模式是每个月的月租为2000日元，每次可以使用的时间为30分钟以内，并且可以随时停放在任何站点。可以说，这个商业模式就是用软件的构思做自行车这一硬件的营销。通过不断提高自行车的使用体验来提高用户的满意度，从而刺激自行车提供方不断地改善产品。到最后，自行车提供方的收益也将趋于稳定。

这种商业模式的改变也可以逐渐扩展到其他硬件上。打个比方，打印机的商业模式也趋近于订阅模式。这种商业模式是打印机本身的售卖其实已经做好了亏本的准备，收益则是通过墨盒等耗材的售卖来获得的。其他白色家电的售卖也是一个道理。例如，在日本，微波炉可以免费地发放给每个家庭，但是使用微波炉加热的专用冷冻食品需要订购来进行配送，每个月的订制费用为5000日元。其加热方式也由机器学习设置成最为科学的方式。另外，冰箱也可以免费发放给每个家庭，但是如果系统检测到冰箱里没有冷藏的牛奶、鸡蛋等食品，系统就会自动下单，然后订购的食品被送到用户的家中。这种自动下单服务每个月的订制费用为3000日元。这种方式可以帮助提高生鲜食品的销量。这种下单方式以及冰箱内的物品分析，也都由机器学习来完成并达到最优化。硬件由软件来控制，可以做到随时更新。由此，许多新的商业模式也都变为可能了。

另外，要想让用户的利益最大化，将用户的服务使用数据变成"可用数据"并储存起来就变得十分重要。用户使用得越多，附加价值就增加得越多，用户就会越发离不开该产品。机器学习模型的介入，能保证这样的良性循环可以一直持续下去。

# 应确定应该导入机器学习的领域

## 细则（一） 不要毫无目的地重复PDCA循环（策划、实施、检查、处理）

机器学习模型如果不过概念验证这一关而直接进入实际运用环节，就不会有人知道它真正的性能是怎样的。在事前就明确实际上能有多大的性能是十分困难的，建模确实是摸着石头过河的。因此，有许多人都指出，机器学习项目应该迅速地重复推进PDCA循环（又称戴明环）。

### ▶ 敏捷开发成为主流

在这种思考方式之下的开发形式就叫作**敏捷开发**（图2-11）。

敏捷开发，与瀑布开发有着很大的不同。瀑布开发对每个阶段都进行扎实的定义，并构筑一个绝不会后退重做的坚固稳定的系统。而敏捷开发是定义开头与目标，根据项目的进展情况和最终结果去变更其中一部分的方向和方式，它是

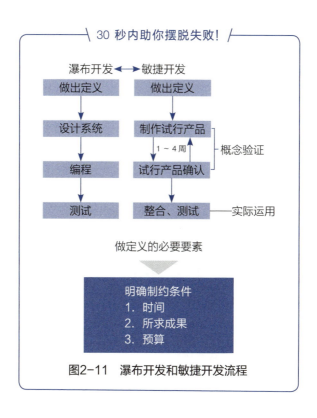

図2-11　瀑布开发和敏捷开发流程

一个更加敏捷且灵活的软件开发方式。

### ▶ 关于制约条件，需要进行周密的讨论

在进行机器学习项目的情况下，由于机器学习模型有"不实际进入概念验证阶段就不知道它的性能如何"这个特征，所以大众一致认为敏捷开发方式的亲和性是更高的。事

实也正是如此。

然而，大众过于关注敏捷开发的"应该多次重复进行PDCA循环"这一特性，有的时候甚至连开发都变得毫无目的。这也是我们必须认清的事实。有很多次，人们都没有进行深入的讨论，凭着一腔孤勇决定"总之先试试看，做出点好东西"，就进入了PDCA循环，开始建模。人们原本就没有一个明确的目标，最终也无法取得什么成果，这种例子是十分常见的。

那么这个时候，在进行机器学习项目的情况下，极为重要的一点就是要明确制约条件，笔者在第一章第七节中提到过。只要明确了制约条件，PDCA循环可适用的领域也随之明确，我们就可以进行更加有意义的开发。这里所说的制约条件指的是机器学习项目的预算、期限以及目标成果等。也就是说，我们要在明确了这些条件后，再开始PDCA循环。不论是在敏捷开发中，还是在其他形式开发中，明确制约条件这一点是绝对不变的。不论是机器学习，还是其他人工智能，这都是十分重要的一点。

另外，这里所说的目标指的并不单单是机器学习项目的性能及最终做出的成果，而是具备极高的媒体价值的成果，如"做出一个半年内能够被媒体青睐的、新闻价值性高的项目"；又或者是**具备极高的实用性的成果**，如"一年内做出实际的项目成果，能够成为产品的附加功能"等。

另外，预算也是一样。要明确的制约条件并非定出一个绝对的数字，如5000万日元，而是指更加柔和、具备人性化的预算，如一个人一个月多少钱。这样一来，明确了目标和预算的制约条件，进行PDCA循环时也能够意识到制约条件的存在，从而更容易在现实允许的范围内得出实质性的成果。

## 细则（二） 找到最佳领域

在机器学习建模的过程中，要反复多次进行原型设计制作。为了提高机器学习模型的性能，要反复多次进行试行错误。在试行的过程中，有的1小时左右就出结果，有的要花费两三个小时才能够提高性能。

那么这种时候，如果我们项目的课题没有在机器学习的最佳领域中的话，那么无论再怎么试行错误，也不会得到性能的提高。要想找到最佳领域，我们就应该像图2-12那样，将机器学习项目根据"人类能否找出并记录规律""这是不是机器学习能解决的问题"这两点来分成四类，逐一进行思考。我们需要判断出来，现在我们进行的项目究竟是属于这四类中的哪一类，我们的项目是否已经在最佳领域中。

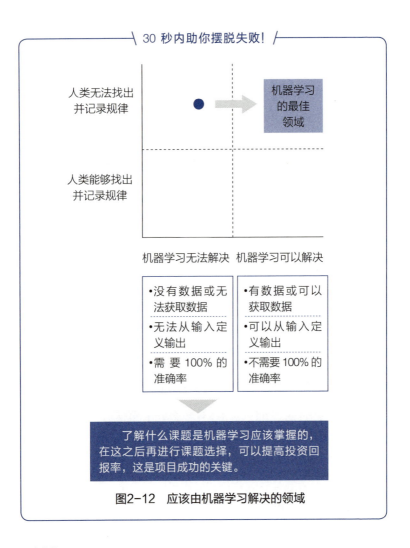

图2-12　应该由机器学习解决的领域

## ▶ 集中在人类无法找出并记录的领域内

如果我们面临的都是人类能找出规律的简单问题，那么就没有必要特地使用机器学习模型，只要交给人类去找出并记录规律，再按照这个规律加以使用就好了。比起机器学习项目，这还是更加接近单纯的信息技术开发项目，成本也能够节省很多。因此，如果想要用机器学习来解决问题的话，我们最先要考虑的，就是人类无法找出并记录规律的复杂领域了。

上文提到，在人类能够找出并记录规律的领域内，只要做简单的信息技术开发项目就足够了。举个例子，假如我们要做广告代理商的报告，需要每天在百度网页上检索特定的词汇，然后将排在前十位的检索结果汇总到Excel表格中，之后我们就可以看到每天检索结果的排序变动。这种业务就没有必要特地用机器学习来做。换言之，这种工作只要单纯地做检索，再将检索结果复制并粘贴到表格中，然后按照人类所记录下来的规律在计算机上工作就足够了。但是最近，有不少公司都开始使用机器人处理自动化（RPA）[①]来做项目。也就是说，让机器人去

---

[①] 即Robotic Process Automation，机器人处理自动化是指计算机的软件型机器人完成自动化处理流程。

记住人类找出的规律，并且根据这个规律自动地进行工作处理。

然而，一些领域中的规律是十分复杂的，这些规律是人类无法找出来的。那么在这些领域内，就可以发挥机器学习的价值。我们首先会想到的，当然就是图像识别了。本书之前也提到过，人类要找出规律进行图像识别是十分困难的。图像识别的规律是人类无法找出的，即便人类可以做到，不同人的记录方法也会大相径庭。因此要投入实际运用是非常困难的。

尽管前文中提到多次，但在这里笔者再次强调一遍，机器学习的一大好处就是：在数据庞大的情况下，机器学习可以在计算机上为我们毫无压力地从数据中导出规律。图像识别时，只要准备好图像数据和正确的标注，机器学习就会自动帮我们找出图像的规律。

另外，应该交由机器学习来解决的课题的领域，除了这种可用数据十分庞大的情况，还有一些其他的情况。例如，能够明确输入和输出的定义，如用什么样的数据来预测出什么；由于机器学习很难达到100%的准确率，所以，不需要100%的准确率的领域，也属于应该由机器学习来解决的课题的领域。满足这些条件的领域才是机器学习能够解决的课题的最佳领域。

## ▶ 可供机器学习尽情翱翔的领域是有限的

另外，假如现在的课题并非在机器学习的最佳领域，如果是属于图2-12的左上方区域内的课题，那么只要我们重新整理数据、改变问题思考方式的话，也是可以重新找到最佳领域的。就算我们手头的数据并非可用数据，也可以通过数据标注等方法，将不可用数据变成可用数据。就算我们的目标是100%的准确率，通过导入机器学习模型到人工检查之中，人工检查的次数就可以随之减少，这样一来，问题的实质也可以得到改变。

其实，那些非用机器学习不可的领域是非常有限的。我们甚至可以说，有很多领域是不适合使用机器学习的，甚至就不应该建机器学习模型。尽管如此，如果还有公司非得导入机器学习的话，就会浪费许多不该花的成本，最后增加失败的风险，项目也会随之告吹。

机器学习并非万能的，应该在最适合它的领域内去灵活运用。我们千万不要认为这世间的问题都是能够依靠机器学习来解决的。

# 细则（三） 要学会运用项目的投资组合

相信各位读者，在读到这一节的时候，一定掌握了一些能够提高机器学习项目成功率的小窍门。然而即便如此，机器学习对我们来说仍然是"不去尝试做的话就完全不知道"的存在。如果我们只是竭尽全力地做一个项目的话，那么就算我们再怎么想提高准确率，最后的结果也很有可能是遭遇失败。要想避免这一危险情况，我们就要同时展开许多个项目来分散风险。

## ▸ 机器学习项目的投资组合概念

在机器学习项目当中，我们要如何分散地开展项目呢？假设图2-13中的纵轴是课题的实质（产品创新、过程创新等），横轴是波动率。图中的纵轴是一条分水岭，决定着这个课题的解决会让谁高兴。产品创新是什么呢？提高产品本身的附加价值、为客户提供最新的价值就是产品创新。例如，无人驾驶、人工智能/物联网组合的新全商业模

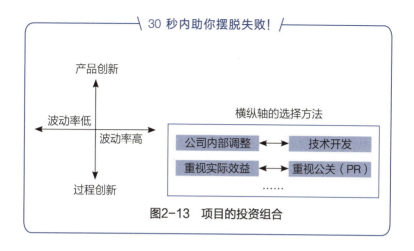

图2-13　项目的投资组合

式、材料信息学（Materials Informatics，MI）[①]等，都属于产品创新。另外，改善产品制造的过程，给公司内的工程创造新的价值，就是过程创新。例如，成品检查、机器控制、不合格品预测等都属于过程创新。

横轴的**波动率**指的就是波动的幅度，项目的成功率决定着这条横轴。这里的波动率指的是"项目有可能发生很大的变化，但是失败率也很高，即波动率高"或"项目发生巨大变化的可能性很低，但是失败率也很低，即波动率低"。换言之，用棒球来打比方的话，那就是，这个项目究竟是很难

---

① 材料信息学指的是以人工智能为首的计算机科学与材料科学组成的一门学问。通过计算机的模拟仿真进行新材料的探索和材料功能的预测，是材料开发的一大方法。

本垒打的项目呢，还是得让跑垒员跑到下一垒的项目呢？

总体来说，如果将鸡蛋都放到一个篮子中，就有可能导致项目遭遇失败。换句话说，比起集中全部资源与一个大客户进行交易，不如分散与几个客户同时交易，这样会让经营变得更加稳定。

### ▶ 根据自家公司的情况来设定"轴"

不同的公司，对于项目的"轴"一定会有不同的考量。例如，有些公司会认为，公司内部的调整是最重要的项目；有些公司会认为，技术开发是最重要的项目；等等。对公司内部调整来说，有一个很重要的事，那就是活用机器学习，开发营销手段。在机器学习项目中，即便技术并不难，但是要想把机器学习模型的成果作为营销手段来帮助公司售卖产品，销售人员还必须在运用机器学习模型之外花上许多的心思和时间。像这样的公司内部调整，决定着项目的最终成败。对技术开发来说，重要的存在就是像无人驾驶那样的存在等。

另外，也有许多人做项目的时候，更加重视实际效益或重视公关等，这都是"轴"的不同设定方式。这些思考方式乍一看可能有些过于简单，但是这种项目是确确实实能够带来成果的。做项目还有一个崭新的切入点，就是在宣传上下功夫。通过这两者的结合，可以对外进行很好的宣传，并且能够做到将成果留在公司内部。

"轴"不仅仅只限于本书所介绍的几个内容，其实"轴"是无处不在的。而且"轴"的选择没有正确答案。读者只需要根据自己公司的状况，以及想要解决的课题选出合适的轴即可。

## 规则四
# 应提高输出和输入的明确度

## 细则（一） 提高监督学习的输入与输出的明确度，回避无用输入和无用输出

尽管前文中多次提到，但笔者还是要重申，能够表达人工智能的语言范围十分广阔，而且人们都习惯于把自己各种各样的期待融汇到人工智能的语言中。机器学习主要分为三大类，即**监督学习（有导师学习）、无监督学习（无导师学习）和强化学习**。在这三大类中，又各自包含着各种不同的算法。现如今，在这三大类中，最为常用的就是监督学习。接下来，深入地看一看监督学习的相关内容。

### ▶ 提高监督学习的输入与输出的明确度

监督学习的详细算法有两个至关重要的过程，分别是"**训练**"和"**预测**"。监督学习的训练，就是通过准备大量带有标注的数据自动获取规律的过程。假设我们要进行图像识别，就需要图像数据和图像上内容的标签。那么，图像数

据就是"**输入数据**",作为标签来输入的内容就是"**输出数据**"。就像这样,我们要准备大量的输入数据和输出数据,并通过训练最终获得规律。这个规律有很多名字,如机器学习模型等。但是本章主要还是围绕着数据的转换进行讨论。为了强调这一点,我们将这个规律称为"**函数**"。

所谓预测,就是指在实际建好的机器学习模型(函数)中导入相同性质的数据(例如,如果是用图像数据训练出来的机器学习模型,就还是导入图像数据),转换数据后预测输出数据。

就像这样,监督学习做的事情十分简单,只不过是找出将输入数据转换为输出数据的函数而已(**图**2-14)。

那么,什么是具体化的机器学习项目作业呢?简单来说,就是要明确什么样的数据是输入数据、什么样的数据是输出数据等,并且不断进行类似这样的讨论来提高明确度。类似于"希望能够使用机器学习来预测不合格产品"这种停留在抽象阶段的提案,实际上就是处于明确度非常低的状态。而我们要做的就是要明确地掌握输入数据和输出数据分别是什么,提高这个提案的明确度。换言之,就是要将问题具体化。例如,假设输入数据是成品流水线上的热水瓶图像,输出数据分成"正常""异常"两种。

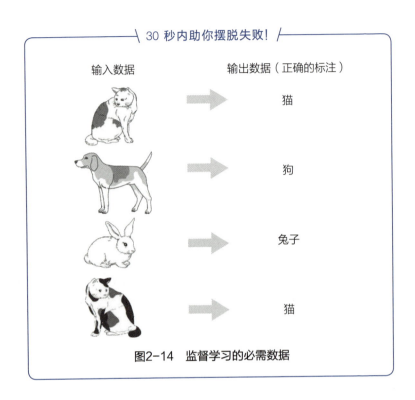

输入数据 　　　　　　　　输出数据（正确的标注）

猫

狗

兔子

猫

图2-14　监督学习的必需数据

　　预测数值的项目也是一样的道理。像"希望使用机器学习来预测销售额"这种不明确的课题，可以将它变得具体化。比如将输入数据细化成"本月不同时间段的销售额数据"，将输出数据细化成"下个月的单月销售额"后，再来思考应该建什么样的机器学习模型，这样项目就会变得轻松得多。

　　最后，介绍一个笔者公司真实的机器学习项目案例。通常来说，在编程的过程中，有一个非常麻烦但是必须有的作业，就是环境搭建。但是笔者公司都是跳过环境搭建这种安装作业，直接在网页上开展编程服务的。为什么笔者公司不需要环境搭建呢？如果读者这么问的话，回答就是："敝公司早已准备好了公司内部私有预置服务器，只要给出了目标和要求，敝公司的服务器就可以直接为各位用户开展编程服务。"

笔者公司早已建好了机器学习模型，可以预测出需求量。根据不同的需要，笔者公司会事先计划需要准备多少台服务器才能够达成目标。如果预测出的需求量较少，那就相应地减少服务器台数；反之，如果需求量较多的话，那就相应地增加服务器台数。

在这个机器学习项目中也是一样，不能仅靠"希望用机器学习来预测需求"这种迷迷糊糊的想法就开启项目。尽管笔者公司每天都在不断地对机器学习模型进行改善，但是在初期的模型中，可以将输入数据设置为"过去不同时间段的演习次数""过去2小时内的网页登录数""会员登录数"等，将输出数据设置为"2小时后的预测演习次数"。通过机器学习工程师这样不断的操作，明确究竟什么样的输入数据能够预测出什么样的输出数据等。

同样地，"用电子付款机（POS机）的数据预测需求"

这种项目也可以变得更加具体。通过电子付款机选择出"年龄""性别""该顾客的过去购买订单"等数据作为输入数据，再将"预测该顾客明日购买的商品"设置为输出数据。像这样，看究竟具体什么样的输入数据会转换成什么样的输出数据，来让机器学习项目进入"提高明确度"的层次。

### ▸ 提高数据明确度，回避无用输入、无用输出（GIGO）

有一句话为"garbage in，garbage out"，简称GIGO（无用输入、无用输出）。这是计算机科学及信息技术等领域的概念，指的是"将没有意义的数据输入计算机后，输出的结果也是没有意义的"。那么为了避免陷入这种情况中，十分重要的一点就在于提高输入数据和输出数据两者的明确度。在这里，所谓明确度就是要"更严谨、更明确、更具体"。那么在这种情况中，即便我们说要"预测需求"，也有很多种不同的理解方式。要预测的是今天的销售额呢，还是本周的销售额呢？是指定商品的销售额呢，还是全店的商品销售额呢？由于不同的理解方式，最终制作出来的机器学习模型也会大不相同。比起机器学习工程师，机器学习规划师更应该在这个过程中倾注自己的精力。只要我们严谨地定义好输入数据与输出数据，给出数据后，机器学习就会为我们获取想要的规律。然而，机器学习到底用什么数据来预测什么结果，在这方面做决定的都是人类。正因如此，机器学习规划师才是十分重要的职业。

## 细则（二） 机器学习擅长的与不擅长的领域

上一节详细地讲了关于监督学习的内容。机器学习的类别，除了监督学习，还有两大类别，分别是无监督学习和强化学习。然而现如今，机器学习项目中获得实际运用的基本都是监督学习。当然，也有很多无监督学习和其他机器学习组合在一起进行使用的情况。而强化学习还停留在研究阶段，就更不用提实际运用了。

因此，在具体化机器学习项目的过程中，让我们暂且忘记无监督学习和强化学习的存在，只考虑监督学习这种方法来具体化输入数据和输出数据。

尽管机器学习的实际运用得到了很大进展，但是还留存着很多空白等待我们去开发。监督学习不必非要和难度高且实际运用实例极少的无监督学习与强化学习组合在一起，仅凭监督学习就可以实现许多新事业的开发与业务的改善。

为此，最为重要的就是记住机器学习的"型"。本书所介绍的七个规则其实就是一个"型",即"明确数据的输出和输入"。输出数据与输入数据之间的函数有许多的转换方法和技术,但是对于机器学习规划师来说,这部分的内容并不需要了解得那么详细。换句话说,这部分的内容交给机器学习工程师就好,机器学习规划师只要专注于输入数据与输出数据这一部分就足够了。

---

专栏

## 人工智能"增加"了什么工作呢?

现如今,有许多人都说:"人工智能夺走了我的工作!"然而笔者在这里要问一个问题,人工智能有没有为人们增加工作机会呢?答案是:当然有。随着人工智能技术的普及,人们从每天的单调体力劳动中解放出来,从而可以专注于创造性的工作。

不仅如此,说到机器学习相关的工作,现如今又出现了一个新的工作:标注员。所谓标注员,就是为了顺利开展机器学习中的监督学习,对各种数据进行正确标注的工作种类。对机器学习建模来说,这是一个不可或缺的工作。机器学习模型要想得到灵活运用,就需要完成各种各样的任务,而机器学习模型负责运用的则是各种各样的数据。如今,像这样的工作也在逐渐普及。

## 规则五
# 应正确评价机器学习的性能

## 细则（一）
## 认清隐藏在准确率99.99%背后的陷阱

在"评价性能"之前，笔者再次介绍一下机器学习的"预测"过程。机器学习经过"训练"这一过程后，就进入建模阶段。在建模后，需要向机器学习模型中输入未知的数据来预测范畴和数值等输出数据（正确标注），这就是"预测"。所谓"预测正确"，就是指机器学习模型在被输入未知的数据后，给出正确的输出数据。

### ▶ 深入考量何为性能

让我们从一个用图像识别预测不合格产品的例子入手来思考一下吧。假设有一家公司要调查机器学习模型的性能，于是他们准备了10600张图像数据和正确标注。在这之中，有200张图像都被标注为了不合格产品，剩余的10400张图像都被标注为了合格产品。

假设这个时候，机器学习模型不能进行正常的学习，最终的输出结果是所有图像都显示是合格产品，那么这样的机器学习模型是不能在实际生活中运用的。然而，如果我们单纯地以**准确率**为指标的话，在10600张图像中，机器学习模型可以正确地预测出全部10400张合格产品图像，那么计算出的准确率应为

$$准确率 = 10400 \div 10600 \times 100\% \approx 98.1\%$$

这样乍一看的话，这似乎是一个性能优良的机器学习模型。就像这样，在数据不均衡的情况下（合格产品和不合格产品的数据量相差很大的状态），如果单单凭借准确率这一个指标来评价性能的话，就很有可能会误导人们。

因此，在机器学习项目中，如果要想判断一个模型的性能的话，单单去看准确率这种数字是不合适的。反而，要像图2-15那样分成4个区域来看。

训练人工智能来建新的机器学习模型。同样地，将200张不合格产品图像数据、10400张合格产品图像数据输入机器学习模型中来进行性能评价的话，就会得到如图2-16所示的结果。

让我们从这4个区域入手来分析这个机器学习模型的性能。200张不合格产品的测试图像数据中，有100张是TP，

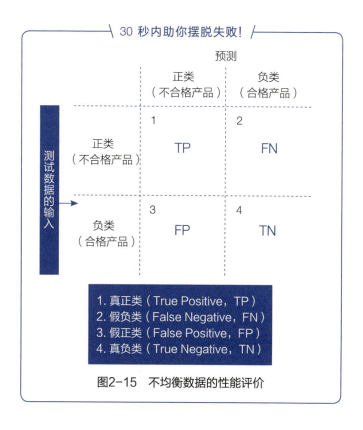

图2-15 不均衡数据的性能评价

得到了正确的判定；另外100张则是FN，得到的是错误的
判定。10400张合格产品的测试图像数据当中，有400张是
FP，得到了错误的判定；另外10000张是TN，得到了正确
的判定。那么，在这种情况下如果计算准确率的话，就需要
用下面的公式来计算，最终准确率为95.3%。

准确率=（100+10000）÷10600×100%≈95.3%

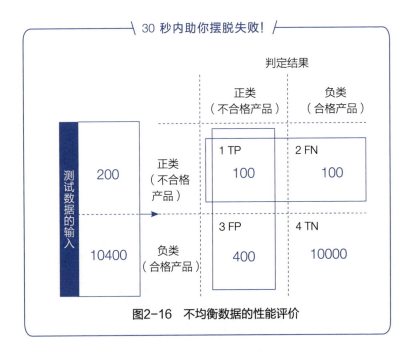

图2-16　不均衡数据的性能评价

　　然而，让我们横向地来看一下4个区域。在200张不合格产品图像数据之中，其中有100张被错误地判定成了合格产品（FN）。接下来，让我们再来纵向地看一下。即便这个机器学习模型判定了500张图像数据是不合格产品，但实际上在这当中，真正是不合格产品的只有100张。

#### ▶ 不合格产品的"检出率"和被判定成不合格产品的"不合格率"

横向看图后，我们可以算出来不合格产品的检出率。根据以下公式来计算的话：

> 检出率=TP÷（TP+FN）× 100% =100÷（100+100）
>      × 100% =50%

接下来，纵向看图后可以算出来被判定成不合格产品的不合格率。根据以下公式来计算的话：

> 不合格率=TP÷（TP+FP）× 100% =100÷（100+400）
>      × 100% =20%[①]

这两个数字和之前的准确率95.3%是不是相差甚远呢？这个指标和准确率95.3%带来的"居然有这么高的性能"的感觉，是否产生了冲突感呢？这里的50%和20%，才是该模型的真实性能。就像这样，在数据不均衡的情况下，如果仅凭"准确率"这个单一的指标的话，是有可能会出现与真实

---

① 用机器学习的专业用语来说，检出率称为召回率，不合格率称为精确率。本书因为使用了不合格产品的检测例子，所以为了简明易懂起见，将这二者分别称为检出率和不合格率。

的性能相差甚远的数字的。也就是说，我们必须计算出不合格产品的"检出率"和被判定成不合格产品的"不合格率"才可以。

## 细则（二） 正确理解机器学习规划师想达到的性能与机器学习工程师想达到的性能

如果机器学习规划师真正地和机器学习工程师取得了沟通，并且双方讨论性能，那么他们应该会讨论到"以99%、98%为目标"等内容。不过，对机器学习工程师来说，他们有可能搞不懂机器学习规划师的真实用意。如果我们拿上一节的四个区域来看的话，就可以从各个侧面来判断其性能。

原本他们应该讨论的内容是将检出率和被判定成不合格产品的不合格率分别设置在百分之多少以上。另外，当事人究竟是更重视检出率还是更重视不合格率呢？在这两种不同的情况下，讨论的内容也会发生变化。

### ▸ 不同的目的之下，目标性能也会随之改变

有的项目的预期是这样的：被判定成不合格产品的不合格率低也没关系，只要不合格产品的检出率足够高就可以。

举个例子，假设让机器学习模型找出有"异常"的不合格产品，在这之后人类再上个双保险，进行第二次精密检查。

笔者在前一节中所叙述的机器学习模型也是一样，即便是同一个模型，也可以像图2-17这样做一点调整：只要有一点点的异常之处就会被判定为不合格产品。

这样一来，检出率就是75%，不合格率是10%。即便是

检出率=TP÷（TP+FN）×100%=150÷（150+50）×100%=75%
不合格率=TP÷（TP+FP）×100%=150÷（150+1350）×100%=10%

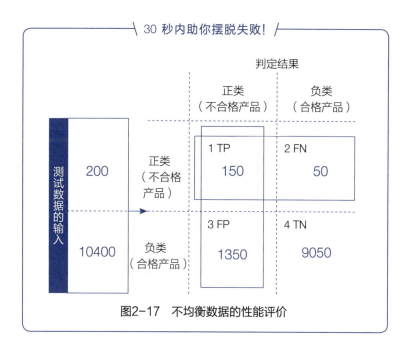

图2-17　不均衡数据的性能评价

同一个机器学习模型，只要对其做出一点调整，就可以提高检出率，降低不合格率。反之，也可以降低检出率而提高不合格率。

### ▶ 建模完成后，如果达不成一致就会酿成悲剧

"是怀着怎样的目的去运用它的呢？""希望将检出率提高到什么层次呢？"就像这样，究竟哪个指标更为重要，其实是因人而异的。做项目的第一线工作人员，在完成了机器学习建模后，经常会对性能指标产生误解。这是我们必须面对的现实。

有一个真实的例子。机器学习规划师说："希望做到性能99%。"机器学习规划师所说的99%其实是希望达到检出率99%。然而机器学习规划师没有说清楚究竟是什么性能，反而采取了这种模糊的说话方式，因此机器学习工程师误认为是希望达到不合格率99%。这样一来，在机器学习建模完成的那个大好时机，由于沟通不当，或是由于双方内心对同一事物的思考方式不一致，而导致了悲剧的发生。

最终，PoC死也是理所当然的。而且到最后，还不得不重新修改机器学习模型，花费了许多多余的成本。因此，笔者郑重地希望大家不要犯类似的错误。

## 制造业质检第一线所要求的性能水准究竟是什么样的?

笔者在规则五的细则（一）、（二）中都提到了性能评价指标。讨论的内容不仅仅局限于机器学习的准确率，还提到了不合格产品的检出率，以及被判定为不合格产品的不合格率等。那么在这些指标当中，我们究竟应该更加注意哪一项指标呢？其实这是因人而异的，不同的商业项目都有着各自不同的要求。举个例子，对于制造业的质量检查第一线来说，它们所要求的性能水准究竟是什么样的呢？

在许多情况下，不合格产品的检出率是最为受到重视的。换言之，漏掉不合格产品是绝对不允许的。对于出厂产品的工厂，如果真的出现了不合格产品的话，甚至有可能会威胁到顾客的人身安全。因此，工厂的一大任务就是保证不出现不合格产品。可以想见，工厂对不合格产品的把控是处在最为严格的水准上的。

那么在这个制造业的例子中，让不合格产品的检出率超过人类、令它尽可能达到100%是十分重要的。那么在这种情况下，就要改善不合格率低的情况（将合格产品误检为不合格产品），推进训练。

同样，"即便将合格产品误检为不合格产品，也绝不放过不合格产品"这种思考方式，其实和癌症检查也有着异曲同工之妙。人类在短期入院体检的时候，只要发现身体有一点点的异常，就会被判定为有患癌症的可能，从而需要进行一系列的精密检查来确认是否真的罹患癌症。

如上所述，即便是在讨论机器学习模型性能这一个话题，也有着多种多样的切入点。究竟应该重视什么，这对人们来说是一个十分重要的课题。

## 规则六
# 应提高对实际运用的预想程度

## 细则（一） 将"头脑"用在什么地方才是最合适的？

要想机器学习项目成功跨过概念验证这一难关，进入实际运用阶段的话，我们就必须具体地对实际运用的状况进行预想。我们需要构思"究竟怎样进行实际运用"，再与项目组的成员们共同分享这一构思。

导致PoC死的原因是多种多样的，但是有很多实例表示，如果真正进入实际运用的话，有一点是共同的，那就是：要花费很大的成本。换言之，这些公司在进入最终的阶段后才痛心疾首地发现：怎么这么烧钱！早知道是这样，就不费这么大劲去做机器学习项目了。

其实，毫无意义的PoC死是可以避免的。例如，如果项目在最初阶段明确了投入实际运用的最大成本，就可以在实际运用的阶段选择不容易花费成本的概念验证方法来避免成本的过度消耗。不同的做法有着各自不同的选择，所以，在最开始的阶段，我们就需要提前做好从进入概念验证阶段前，到投入实际运用后的全部过程的构思。

## ▸ 寻找最合适的机器学习模型配置场所

在开启项目、提高构思水平的过程中，首先，笔者希望大家能够掌握机器学习模型的部署场所。所谓部署，是计算机科学的专业用语，指配置的意思。换言之，我们需要明确地构思出在哪里对机器学习模型进行部署。

让我们通过一个例子来思考一下。这个例子是关于检测工厂不合格产品的机器学习项目的。首先，我们需要一个设备来帮助我们获取数据以判断产品是否合格。在图像识别的情况下，我们需要的就是拍摄设备。拍摄设备一旦获取数据，该数据就会立刻被传输到与它连接的计算机[1]中。在这个微型计算机中部署上机器学习模型，就可以预测图像内容。像这样，拍摄设备和微型计算机被统称为**边缘设备**（Edge Device）。

另外，在一些情况下，边缘设备中图像的拍摄与获取发生了特殊化，无法进行机器学习预测。那么在这种时候，我们就可以在云服务器（Cloud Server）中部署机器学习模型，例如亚马逊公司提供的亚马逊网络服务（Amazon

---

[1] 拍摄设备和微型计算机没有必要分别用不同的设备，可以使用一体的设备。其中，微型计算机中有一个非常有名的设备叫树莓派（Raspberry Pi），市价为10000日元左右。

Web Service，AWS）、微软公司提供的微软云计算服务
（Microsoft Azure）或谷歌公司提供的谷歌云平台（Google
Cloud Platform，GCP）等云服务器。另外，如果由于公司
规定或者成本等种种原因无法使用云服务器的话，我们也
可以部署公司内部私有预置服务器（Preset Server）[1]，如图
2-18所示。

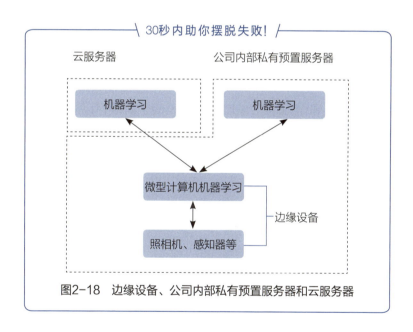

图2-18　边缘设备、公司内部私有预置服务器和云服务器

[1] 在自家公司内构建、投入使用的服务器。

如上所述，"在边缘设备对机器学习模型进行部署"和"在服务器对机器学习模型进行部署"这二者有着很大的区别，而二者的部署方式也是不同的。

### ▸ 机器学习部署场所的优势与劣势

机器学习模型是应该部署在服务器，还是应该在边缘设备上进行部署呢？其实答案并不是唯一的。针对不同的项目，答案也是不一样的。接下来，思考一下它们的优势和劣势。

首先，部署在服务器的优势就是便于管理，以及可以相对地压低成本。另外，服务器的中央处理器和存储空间都是高规格的，机器学习模型不会因为太复杂而无法进行预测。如果服务器或边缘设备可以二选一的话，那么部署在服务器就是一个很好的选择。

那么反过来说，部署在服务器有什么劣势呢？由于服务器和边缘设备有着物理上的距离，因此要想进行预测的话就要花费时间（数百毫秒）。另外，要将信息从边缘设备传送到服务器，也需要网络环境的存在才能够完成。

其次，我们来看在边缘设备上的部署。其优势就是物理上的距离十分近，可以很快进行预测（数毫秒到数十毫秒），即便在网络环境不稳定等情况下也可以使用。

反过来说，它的劣势是什么呢？以边缘设备的性能为前提来说，机器学习的建模和模型的压缩是不得不进行的。如果没有高性能的环境，机器学习模型就无法进行工作。另外，如果是多个设备端的话，就必须准备多个高性能的微型计算机。

至关重要的一点就是根据不同的机器学习模型使用方式，在一些情况下，可选择的选项是十分受限的。举个例子，假设在一条流水线上，1秒内要检查100个零部件是否合格。这意味着每一个零部件都需要在10毫秒以下的时间内得到检测和判断。那么在这种情况下，我们就不能够选择服务器部署这一选项，而必须在边缘设备上进行机器学习模型的部署。

除此之外，是否应该部署在云服务器上呢？是否应该在公司内部私有预置服务器上进行部署呢？这些问题的答案是要根据每个公司不同的方针来确定的。在一些有着严格制约的情况下（如数据必须储存在云服务器等情况），机器学习模型就可以置于公司内部私有预置服务器中。如果是二者都可以的情况，那么总体而言，利用云服务器是一个更好的选择。如果是使用云服务器的话，就可以以时间为单位来使用服务，并且可以根据需要来增加中央处理器、存储容量等，还可以灵活地调整服务器的构成。

专栏

## 云服务器的魅力

所谓云服务器，就是指可以以时间为单位来租用的服务器。主要的代表服务器有亚马逊公司提供的亚马逊网络服务（AWS）、微软公司提供的微软云计算服务（Microsoft Azure）和谷歌公司提供的谷歌云平台（GCP）等。使用云服务器的优势是服务器可以从物理限制（如电源等）中解放出来，如果登录数增加的话，服务器也会随之扩容。

另外，有些人工智能的研究，在训练机器学习模型的时候，是需要搭载高性能图形处理器的服务器的。当然，这种服务器可以以时间为单位来租用。日本机器学习用的高性能服务器的租借费用约为100日元/小时。对机器学习等网页开发工作来说，使用云服务器已经是最基本的事情了。

# 细则（二） 机器学习模型能够通过再学习来保持性能

在考虑机器学习模型的实际运用时，再学习是一个十分重要的概念。假设现在我们完成了机器学习模型建模，达到了98%的准确率。然而，机器学习模型的准确率基本上处于越使用越下降的状态，如图2-19所示。

为什么这么说呢？这是因为机器学习是使用过去存在的数据来建模的，所以机器学习模型无法正确地预测出过去未曾发生过的事情。所以越使用的话，过去未曾出现的事情就会出现得越多。如果一直这么用下去的话，正确预测的概率就会逐渐降低。

举个例子，假设一家公司用2019年年末的数据建了机器学习模型。这个模型可以从车辆图像判断出车辆类型。即便在2019年年末的时候，机器学习模型的预测准确率几乎可以达到100%，但是每年都会有新类型的车辆发售，如果机器学习模型不进行再学习的话，那么到了2020年年末，它就无法判断2020年发售的新车类型，性能也将随之下降。

如果想要避免这种情况的发生，就需要总结出过去没有的数据，并且重新训练、组合机器学习模型，这其中也包括输入数据和正确地输出数据。

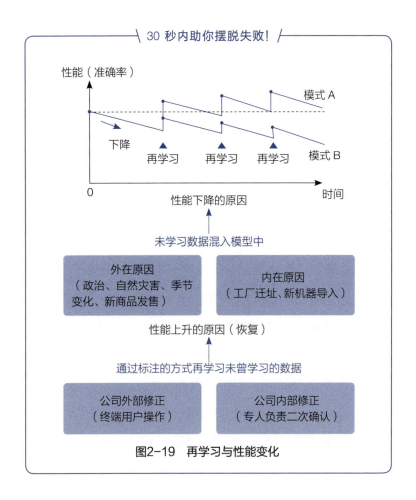

図2-19　再学习与性能变化

　　总体而言，尽管再学习之后，机器学习模型性能提高的案例很多，但是在一些情况下，也有性能无法恢复到最初的性能水准的案例。虽然图2-19中模式A的曲线看起来十分理想，但是像模式B那样，无法恢复到原有性能的例子也是有的。如果我们运用了机器学习模型，并且发现该模型是模式B的话，那么机器学习的使用就可能已经出现问题了，需要我们进行进一步的探讨。

### ▶ 理解性能下降的外在原因与内在原因

性能下降是由于混入了未曾学习过的数据。其实这是有其内在的和外在的原因的。内在原因是什么呢？例如，工厂的迁移和新机器的导入，以及专业人员的更换，都算内在原因。与之相对，外在原因主要是指由于季节的异常变化而带来的影响，除此之外，政治与政策的变化、外部压力、新商品的发售及新输入数据的投入等，都属于外在原因。

打个比方，假设我们建了一个机器学习模型，用来预测航空公司销售额。那么这个时候就有可能发生这样的情况：由于两个国家政治外交关系的恶化，导致这两个国家之间的往来航空的销售额下降。因为这件事情是之前没有发生过的，所以对机器学习来说，这是它能力范围以外的事情，机器学习模型无法给出正确的预测。再打个比方，假设我们以1999年到2018年的气候、人口等数据为基准建了一个机器学习模型，用来预测铁路每日销售额。然而，2019年的时候，遭遇了一场前所未有的大雨，而这种事情的发生是过去

20年间十分少有的。因此，该机器学习模型可能未曾学习到大雨的影响，那么我们就可以使用2019年的最新数据令它再学习。在这之后，机器学习模型就可以得到更新，以后如果再发生类似2019年的大雨的话，机器学习模型也会有所应对。

## ▶ 再学习就是投入新的数据

简单来说，所谓再学习，就是向机器学习模型中输入它未曾学习过的数据，令其能够覆盖"过去未曾发生过的事情"。通过这个再学习的步骤，可以防止机器学习模型的性能下降。尽管是"通过标注的方式再学习未曾学习的数据"，但是这里所说的标注，如果是预测销售额的话，就需要在开启再学习之前找到全部过去的销售额数据。如果要检测不合格产品的话，就要在开启再学习之前找到全部过去的不合格产品数据。

机器学习模型的建模，并不是在建模完成的那一刻就结束了。我们需要通过再学习来防止模型的性能下降。不论是什么样的机器学习模型，都有可能遇到过去未曾发生过的事情。由于这种原因而发生了性能下降的话，我们就必须拿出相应的对策，令模型再学习，以便它以后能够应对这种新情况。为此，我们需要意识到再学习是项目顺利开展的大前提，我们必须在充分了解这一前提后，再来进行机器学习的建模。如果机器学习模型的使用不以再学习为前提，那么我们就没有了防止性能下降的方法。可以说，这种行为是极其危险的。

## 细则（三） 察觉到前提条件的变化

这个话题仅限于机器学习项目。由于前提条件的变化，项目是有可能突然停止的。终止项目都是出于不得已，但是笔者希望大家在项目开启前，能够认真考虑以下的问题：发生什么样的事情后，机器学习项目就变得不再必要了呢？这种事情的发生频率会是多少呢？等等。

### ▶ 在什么时间、什么频次的情况下，将不再需要模型

打个比方，在我们用机器学习模型来预测需求的时候，存在着这样一种可能：其实在这个时候，根本就不需要预测这种需求了。前文中曾提到过笔者公司的一个项目，即在预测最合适的服务器数量时，假如一台服务器的成本可以降低九成左右的话，就算是准备上5台或10台服务器，其成

本也不会有太大的变化。那么在这种情况下，即便是不进行服务器的需求预测也完全没有关系，只要在条件允许的范围内尽可能多地准备服务器就可以了。

此外，以故障检测为目的的机器学习模型，即便是完全排除了制造过程中发生故障的情况，也是完全不需要导入机器学习的。以上情况也可能是由于技术革新而导致的，例如，市面上流通的都是不会出现故障的零件。

### ▸ 前提条件发生变化之时，做出预测并拿出对策

如果前提条件发生变化，那么我们就要预测会是什么时间、什么频次的变化。事先做出相关的预测，其实是十分重要的。

假设，我们预见到在2～3年可能会发生前提条件的变化，从而不再需要机器学习模型，那么该机器学习模型就可以使用2～3年。如果我们预测出在10年内可能会发生前提条件的变化，那么机器学习模型的寿命也会变得更长。如果我们提出假说去预测前提条件变化的频次的话，那么我们就可以预见到机器学习模型大概的可使用年限。接下来，我们就可以根据机器学习模型大概的可使用年限来调整我们准备用于机器学习模型的成本。

### ▸ 机器学习规划师要用心推敲商业实例

对于这种前提条件的变化，比起机器学习工程师，其实机器学习规划师是更容易对它进行精密调查的。对熟悉该商业领域的机器学习规划师来说，他必须以长远的眼光来看清前提条件的变化。可以说，做出决策、要带领大家解决某个课题的公司总经理以及制订规划方案的机器学习规划师，都应该怀揣着责任感去做这项工作。在机器学习模型的实际运用中，我们除了要求机器学习工程师具备相应能力之外，还应该要求机器学习规划师和做出最终决策的商业人士都拥有相关的知识储备和正确的理解。

# 应创建利益相关者共生的生态系统

## 细则（一） 了解外包机器学习项目合适与否的判断基准

　　要想完全在公司内部进行机器学习模型的建模，其难度十分高。因此，这是一个并不现实的设想。所以，那些在公司内部做不到的事情，我们就可以外包给其他公司去做。在一些情况下，我们也可以与其他公司结为伙伴关系来共同做这项工作。

　　如上所述，自家公司和其他公司技术与人才团队融合在一起，就叫作"生态系统"。这个生态系统也是要每天运转的。除了进行日常业务之外，这个生态系统还要涉及资金、技巧等方面。在这个生态系统中，各家公司、各个成员都各司其职。可以说，在生态系统中开展项目是十分重要的。

　　首先，在外包机器学习项目给其他公司，即人工智能供应商的时候，如上文所述，在现阶段，用于研发的费用是相当高的。如果委托给著名的人工智能公司，有时候甚至需要花费数十亿日元。与大学的院系、研究院共同研究也要花费十分高昂的费用。从某种意义上来说，如果不对项目倾注全部心血的话，是一定行不通的。

其次，在机器学习项目中，也有一个特有的问题，就是供应商登录（Vendor Log In）。供应商登录是一种现象，指的是将研发过程外包给其他公司后，主导权却掌握在被委托公司的手中。举个例子，假设一家公司将用于图像识别的机器学习模型外包给某个人工智能供应商去做，那么这个时候，该人工智能供应商就有可能会整合他们所持有的图像识别基本装置，然后将机器学习模型建好、发货交出。在这之后，如果委托公司和被委托的人工智能供应商之间出现了关系恶化等情况，那委托公司要想替换原人工智能供应商的系统，其难度将是十分之高。

除此之外，即便人工智能供应商已经将机器学习模型发货给委托公司，也会有其他的风险。有些时候，人工智能供应商会就他们所持有的图像识别基本装置来要求委托公司支付使用许可费。换言之，人工智能供应商一方在要求委托公司给他们收入分成（Revenue Sharing）。如果一直这样持续性地给他们分成、增加成本的话，那么这对委托公司来说是一个很大的打击。委托人工智能供应商来研发机器学习模型是否真的没问题（图2-20）？抛开人工智能供应商的技术实

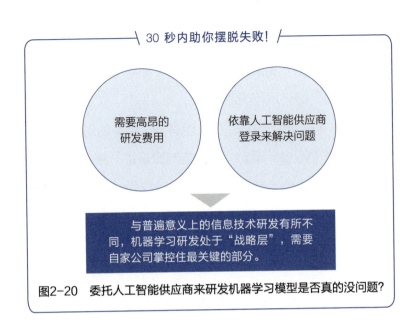

图2-20　委托人工智能供应商来研发机器学习模型是否真的没问题?

力不说，单单是就这一点的讨论，已经成为现如今的一大热议话题。

　　我们不可以什么都不管不顾地说："只要创建个生态系统就好了。"而是应该十分慎重地选定人工智能供应商等合作伙伴，并与之建立良好的关系。

## 细则（二）　机器学习项目外包流程与外包对象的选择标准

　　在本节中，最为重要的内容就是学会如何进行机器学习项目外包，具体的流程如图2-21所示。首先，就前文中提到的制约条件等事项的定义，必须由委托方，也就是公司内部进行决策。

在最初的各项条件的定义阶段，也有公司内的事业部和研发部门合作来完成的先例。从机器学习模型的研发上来说，多数都是由研发部门来主导完成的。但是如果不考虑机器学习模型在第一线的实际运用的话，是无法建出实际耐用的机器学习模型的。在最初的定义和目标设定阶段，事业部加入机器学习模型的建模商议，会让项目研发人员对未来机器学习模型的实际运用的预想规划变得更加清晰。

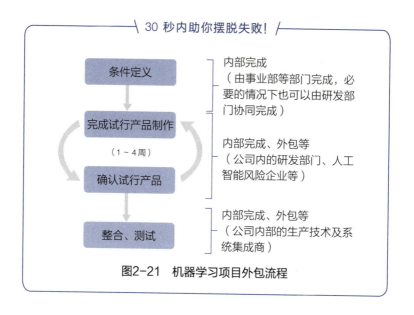

图2-21　机器学习项目外包流程

关于机器学习模型的制作与确认工作，可以根据公司的擅长领域和不擅长领域来做出是否外包的决定。机器学习项目外包与系统集成商、人工智能风险企业等人工智能供应商都是息息相关的。

举个例子，假设在一家人工智能风险企业中，有多名机器学习模型建模方面的专家，他们都是经验丰富的老手。那么委托公司在建模的时候，只要将项目交给这些专家做就完全可以。另外，假设委托公司内部的研发部门也曾承包过建模业务，那么机器学习模型的建模任务，究竟是交给人工智能风险企业的这些专家来做，还是交给公司内部的研发部门来做，是根据项目的性质来决定的。决定着企业竞争力的关键部分自然应该由公司自己来做，除此之外的部分就可以外包给其他人工智能供应商来做。这样也可以省下不少成本。

现阶段，有越来越多的人工智能风险企业都重点发展了他们的擅长领域。例如，有一些人工智能风险企业，他们擅长算法，从而宣传自己的擅长领域是"图像识别、声音识别"；有一些人工智能风险企业，他们重点发展的擅长领域是"工厂内部项目、服装解析"等特定的行业；还有一些人工智能风险企业，他们重点发展的擅长领域则是"人工智能人才培养、提供人工智能平台"等方面的内容，如此种种，不一而足。在选择人工智能风险企业的时候，可以在综合他们的强项与弱项后再做出决定。另外，现如今，很多机器学习研发项目在系统集成商等研发组织的助力下，均得到了快速的发展，我们可以从我们项目的课题以及与项目的关联性等方面出发来灵活地做出判断。

最后，投入实际应用后的新模型与原有系统之间的融合，是系统集成商的擅长领域。这种业务需要大量的人手，因此对小而精的人工智能风险企业来说，这种项目是很难承接的。如果想要检测机器学习模型的价值，并怀揣着自信将模型投入实际应用，就必须和系统集成商进行协同合作。除此之外，如果项目的课题是改善工厂内生产方式的话，那么通常来说，在这个工厂里负责生产技术相关工作的人员同样可以负责这项工作。那么这种情况下，在机器学习项目的不同阶段中，主要的负责人员也会随之变化。

专栏

## 日本的信息技术行业构成

日本的国情调查显示，日本的信息技术工程师从业人员总数约为90万人，但是在这当中，有八成左右都是供职于系统集成商（信息技术企业），其余的两成供职于非信息技术企业。但是，在信息技术行业十分发达的美国，八成的信息技术工程师都供职于非信息技术企业，而剩余的两成供职于系统集成商。

如果非信息技术企业中的信息技术工程师数量少的话，就会导致该公司的系统开发变得难以进行，因为这部分的工作都应该由信息技术工程师来做。除此之外，在更改维护系统的时候，也不得不考虑外部因素。因此，一个公司如果想要做出改善，就需要花费很多的时间。所以伴随着人工智能的扩大化，非信息技术企业的信息技术工程师需求也将随之增高，信息技术工程师在非信息技术企业的供职率应该也会随之增高。

## 细则（三） 机器学习领域不存在超人

在机器学习的各个方面都存在着拥有优秀技能的人，这些人被称为数据科学家。数据科学家是指"兼备商业、数据科学、工程三种技术的人物"（图2-22）。

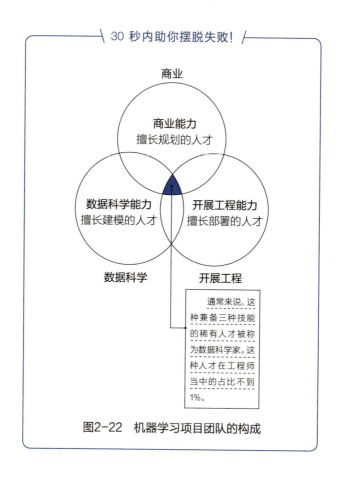

图2-22 机器学习项目团队的构成

（图中文字）

30 秒内助你摆脱失败！

商业

商业能力
擅长规划的人才

数据科学能力
擅长建模的人才

开展工程能力
擅长部署的人才

数据科学

开展工程

通常来说，这种兼备三种技能的稀有人才被称为数据科学家。这种人才在工程师当中的占比不到1%。

## ▶ 机器学习项目团队中也有三支箭[1]

然而，兼备这三种技能的人，也就是被称为数据科学

---

[1] 三支箭原指日本前首相安倍晋三推出的"三支箭"经济政策。——译者注

家的人才其实是并不存在的。换言之，这是一种超现实的存在，即便是打着灯笼也难找。因此，从现实情况出发，将这三种技能区分开来，分别去寻找这三个技能领域中的高手，令他们各司其职，各自分担自己所擅长领域的工作，这才是更加合理的做法。在机器学习项目中，这是一个更加现实的办法。

擅长商业方面的人才负责规划，擅长数据科学的人才负责建模，擅长开展工程的人才负责部署。将这三方面的人才合为一个团队，团队成员在进行深入的探讨后携手推进机器学习项目，三箭合一，提高机器学习模型的整体性能。

### ▸ 三箭合一才是生态系统的核心

分别找出商业、数据科学和工程这三个领域中的优秀人才，令他们各司其职且协同合作，这三者的合作体制就是机器学习生态系统的内核。相信本书的读者中，也有许多机器学习规划师和管理层的人员。希望各位能够加强商业部分的能力，并不断地去挖掘另外两个领域中的人才。

# 第 三 章

# 从人工智能项目的
# 三个实例来看
# 企划书的金科玉律

# 导语

# 符合机器学习项目七个规则的企划书大公开

接下来，笔者要特别为各位读者公开三个实际存在的企划书。这三个企划书都是在公司考虑导入机器学习时制作出来的。这些企划书在实质上就是将企业项目抽象化，而且它们的本质与本书所提出的七个规则是十分吻合的。

本章即将要列举的三个企划书，实际上是按照第一章中提到过的机器学习商业模式画布来做的。笔者将对照企划书的内容与七个规则，从规划、建模、部署这三个阶段来进行解说。

规划、建模、部署这三者其实可以换成另外三个词：做企划、运行准备和试运行（概念验证）、实际运行。其中建模、部署这两个阶段，也可以与规则一中细则（四）中提到的成本问题进行对照讲解。

在规划阶段，我们需要依据制约条件来明确项目概要或商业成果，并考察使用机器学习的理由。接下来，在建模阶段，我们需要提出关于机器学习模型的输入数据和输出数据的假说。最后，在部署阶段，需要明确应该使用什么方法，并且在一些情况下，依据机器学习的必要性，我们还需要整理出它和物联网、云服务器等的关联性。

或许有一些读者会提出疑问：为什么要从最初的阶段开始就提出假说，并且还要覆盖到建模和部署呢？的确，关于建模和部署的部分，只要在进入相应阶段的时候，以机器学习工程师为中心来推进进度就可以了。然而，如本书前文所讲，建模和部署并不仅仅是简单的安装方法。最终的使用者究竟是怎样去接触机器学习的呢？这都是与建模和部署息息相关的。因此提出假说是问题的关键。在项目开始时提前思考建模和部署的方法的话，就可以得出许多问题的答案，如：需要什么样的数据呢？预计到最终阶段需要花费多少成本呢？等等。在得出答案后，公司对企划案的把握就会更加清晰明了。

关于企划书的实例，将在以下三节中分别阐述："案例一　A公司使用机器学习实现了工厂机器设备的检测""案例二　B公司使用机器学习实现了不合格产品的检测""案例三　C公司使用机器学习实现了自动推荐商品"。案例一和案例二中，将会提到与在制造业第一线负责生产技术的人员等内容有关的话题。相信这部分内容对各位活跃于制造业行业的读者来说，会有一定的参考意义并给各位带来灵感。案例三主要是关于负责市场经营和销售企划人员的内容。相信这一节的内容会为与公司、公司法人打交道，与商品打交道的各位读者带来灵感。接下来，就让我们进入案例一。

# A公司使用机器学习实现了
# 工厂机器设备的检测

案例一的项目流程如图3-1所示。

## ▸ 规划阶段的思考方式

首先，以A公司发生的真实事例为基础来探讨一下如何起草并制订企划书。A公司实现了由机器学习来检测工厂机器的故障。

在规划阶段，首先需要考虑的是**制约条件**。所谓制约条件，前文也提到过，就是指在部署机器学习模型期间的预算和期待达成的目标成果。A公司在部署期间，还留有上一次的概念验证成果，并且在董事会中强烈表达了希望投资机器学习的意愿。为此，A公司需要在24个月内实现机器学习模型的实际应用，能够每年提高10亿日元以上的产值，并且在6个月以内通过概念验证测试。

关于预算，A公司从项目开启到概念验证测试阶段的预算为2000万日元，并有三名专业研究员（均无机器学习相关经验）。因此，A公司为项目设定了三个目标，并希望能够顺利通过概念验证测试。这三个目标其中之一，就是本书中将要介绍的解决工厂机器故障问题。

从机器故障的检测到修理，有一个顺序是始终不变的，那就是：先机器故障，后委托修理。一言以蔽之，修理永远排在后面。而A公司则是要将这两个顺序调换，变成在机器故障之前就委托修理。

为此，A公司确认了以下三点事项。

（1）机器出现故障前（至少提前三天）进行预测。

（2）做出相应设置，保证可以在管理画面中看到所有故障发生率高的机器。

（3）做出相应设置，保证能够为故障可能性高的机器自动进行修理委托。

另外，当工人们在工厂里亲耳听机器声音的时候，如果是老手的话，只要听到机器的振动声，就可以判断出机器是否异常，并迅速做出相应的处理。关于这一点，笔者在前文中也曾提到过。当然了，这个故障检测的方法过于依赖工人的熟练程度，如果是新手的话，就完全没有办法拿出对策，而最终的结果就是导致整体生产效率下降。为此，A公司决定要让工人们学会使用模型。如果模型报告说机器发生异常的话，工人们就会立刻采取应对的措施。具体来说，

**规划**

（概要）

　　一家工厂有1000台机器，平均每台机器一年发生1次故障，每天约有3台机器发生故障。如果在故障发生的3天前能够预测出哪台机器会发生故障的话，就可以提前安排维修人员进行维修，从而预防故障的发生。

**使用机器学习的理由**

　　因为导致故障的原因十分复杂，而且变数格外多。

**提高性能的要点**

　　由维修人员反馈推测结论，以便获得新的监督数据。

**建模**

（输入数据与输出数据）

（计划1）

　　可编程逻辑控制器时序数据记录
→3天后是正常，还是异常。

（计划2）

温度计、湿度计和振动计
→3天后是正常，还是异常。

※ 需要准备正常和异常的正确标注作为维修人员报告书的基准。维修报告书以Excel表格的形式进行保存。

**什么样的性能可以作为成功的标准**

从1000台机器中，选出5台发生故障可能性最高的机器。
1. 如果实际上，平均2台以上的机器在3天后发生故障的话，就相当于达到了目标。

图3-1

**（课题及投资回报）**

如果故障机器的33%可以在事前就得到维修的话，那么工厂的设备利用率就可以提高1%，产值就可以提高到10亿日元的程度。如果故障机器的66%可以在事前得到维修的话，那么工厂的设备利用率就可以提高2%，产值就可以提高到20亿日元的程度。

**前提条件的变化**

• 如果平均在5台机器当中，少于1台机器发生故障的话，就代表预测内容不可信，维修人员就不能够再信任预测内容，因此就需要停止模型的应用。

• 产品在供给过剩的时候，就没有必要再提高生产效率了。

**导致性能下降的原因**

由于新机器设备的导入，或者工厂迁址、运转方法变化等原因，数据质量也会下降。

**部署**

**（实际应用）**

以平均每天1次的频率进行预测，对故障发生率高的机器进行维修。需要确保机器的实际运用数据每小时都能从物联网感知器传送到公司内部私有预置服务器上，以保证数据得到不断的更新。根据故障发生率的高低，通过邮件来告知工厂故障发生率高的机器编号。每天上午9时由工厂厂长亲自确认。

2. 如果实际上，平均1台以上的机器在3天后发生故障的话，维修人员就可以信任这一预测并开展今后的维护保养工作。

■项目流程

A公司需要做到的就是导入机器学习模型，如果机器发生故障的话，机器学习模型就会立刻响起警铃。

A公司的方法是在机器学习模型做出判断后，再由熟练的维修人员来亲耳去听。导致故障的原因十分复杂，而且变数极大，因此必须综合室内温度和机器的振动等各种复杂的指标来预测导致机器故障的原因。因此，A公司认为，由人工来找出规律是十分困难的（**详见"规则三 应确定应该导入机器学习的领域"**），需要使用机器学习来建模。

A公司根据上文所述的内容明确了投资回报。首先，从以上三点事项中可以知道，A公司的机器学习操作方法是十分优秀的。

机器进入故障前（至少提前3天）进行预测。做出相应的设置，保证可以在管理画面中看到所有故障发生率高的机器。这样的系统一旦应用，维修人员可以更加准确地对发生故障概率更高的机器进行检修。每个维修人员每天最高可以检修5台机器，因此，只要找出发生故障概率最高的5台机器就可以。

接下来，关于导入机器学习模型的投资回报率，可以参考**"规则一 应明确机器学习的投资回报率"**这一节进行探讨。从工厂的产值和产品数量的关系来看，A公司得出结论：如果能够在故障发生前修理发生故障的机器的33%，就可以提高1%的实际运转率，产值就可以提高10亿日元的体量。如果在故障发生前修理发生故障的机器的66%，就可以提高2%的实际运转率，产值就可以提高20亿日元的体量。

在规划阶段，根据上文的探讨结果，在做足了背景信息的补充后，A公司又整理出了以下内容。A公司工厂一共有1000台机器，平均每台机器一年发生1次故障，每天约有3台机器发生故障。根据故障的状况来看，如果能够在工厂的机器发生故障的3天前做出预测，并让维修人员提前进行维修的话，就可以预防故障的发生。

就像这样，A公司在明确了目的和投资回报率后完成了规划。

## ▶ 建模阶段的思考方式

接下来，具体看一下建模阶段。建模阶段最为重要的就是要**分析目的**。A公司分析目的如下：机器学习建模是为了能够从数据中预测出机器3天后的状态（是正常还是异常），并测算出各个机器3天后出现故障的概率。本次建模可选择的输入数据有两种。让我们依据"规则四　应提高输出和输入的明确度"来看一看这两种数据吧。

（1）从可编程逻辑控制器时序数据记录来预测3天后的状态。

在这里，将可编程逻辑控制器时序数据记录中的每秒电流值、每秒电压值、每秒加速度值设定为输入数据。A公司早已收集并保存好了过去3年的可编程逻辑控制器时序数据记录。所以，只要使用这些数据就可以建模，不需要再获取新的输入数据。综上，A公司的计划就是，将可编程逻辑控制器时序数据记录和3天后的正常或异常的数据对接上，就可以试着来建模了。A公司维修人员的工作日志以Excel的形式保存好，并以这些工作日志为基准，准备了正常或异常的输出数据（正确标注）。

（2）利用温度计、湿度计和振动计来预测3天后机器是正常还是异常的。

在这里，我们将各个机器的每小时温度值、每小时湿度值以及每毫秒的振动值作为输入数据。本阶段是备用选项，如果使用数据（1）后没有达到目标性能的话，才会使用这个数据（2）。其实以前，在熟练的维修人员用耳朵来听的时候，他们根本不会参照可编程逻辑控制器时序数据记录，而是仅凭室内温度和振动等指标来预测机器的故障情况。换言之，以原来的老工人判断方法为基础，在湿度计、温度计和振动计上安装能够获得数据的感知器，就可以让建模的准确程度达到更高。

然而，如果要重新设置感知器的话，不仅要花费高昂的费用，而且光是积累数据就要花上不少的时间。因此，只有在使用了（1）的输入数据，进入了概念验证测试阶段后发生了意外状况的情况下，才需要改变计划，开始设置获得数据（2）的感知器。根据"**规则二　应把握可用数据和不可用数据**"可知，可编程逻辑控制器时序数据记录其实是"与目的的关联性不明确的数据"，所以乍一看，这似乎是不可用数据。然而，如果手头有数据的话，首先还是应该先验证一下这些数据是否可用。如果真的不可用的话，就用投资的方式来获得可用数据。所以说，这个计划其实还是很不错的。输出数据（正确标注）的获取方法也和数据（1）的是一样的。

接下来，看一下在建模过程中，我们应该以什么样的基准来判定所获得的成果呢？根据"**规则五　应正确评价机器学习的性能**"可知，我们不可以使用模糊不清的指标，而是要十分明确地指出来。A公司是这样设置基准的。A公司管理着1000台机器。在这1000台机器当中，平均每天约有3台机器发生故障。因此，如果能够做到每天选出5台发生故障可能性最高的机器，并且3天后这5台机器之中平均有2台以上的机器真的发生故障的话，就算达成了目标。如果3天后平均有1台以上的机器真的发生故障的话，维修人员就可以信任模型得出的预测数据，并根据预测进行维修保养。换言之，如果3天后，平均有1台以上的机器真的发生故障的话，维修人员就可以信任预测并进行维修保养，所以这也就意味着该机器学习模型可以用于实际应用了。

根据上述内容，A公司设置了关于性能的"成功基准"。如下所示。

从1000台机器当中，选出5台发生故障可能性最高的机器。

• 3天后，这5台机器中，如果平均2台以上的机器发生故障，即为达到目标。

• 3天后，这5台机器中，如果平均1台以上的机器发生故障，不算是达成目标，但维修人员可以信任这份预测并对机器进行维修保养。

另外，在投入实际应用后，也需要做出相应的设置和准备以保证机器学习模型的性能可以持续上升。那么在这个例子中，如果工厂导入了新的机器，或者发生了工厂迁址、运转方法变化等事情的话，对机器学习模型来说，未曾学习过的输入数据就会增多，数据的质量就会降低，性能也会随之下降，所以机器学习模型就需要进行再学习。也就是说，需要重新积累适合这个机器学习模型的输入数据。

因此，A公司要求维修人员反馈预测结果，从而获得新的**训练数据**。使用这些数据，可以提高机器学习模型的性能。

## ▸ 部署阶段的思考方式

最后，让我们依据"**规则六　应提高对实际运用的预想程度**"来探讨一下如何就部署（实际应用）阶段来进行企划。

A公司在实际应用阶段是这么做的。A公司以每天一次的频率来使用机器学习模型预测故障，检测各个机器发生故障的概率，并从发生故障概率最高的机器开始维修。因为每天预测一次就够，所以不需要使用边缘设备来对机器学习模型做预测，只要运用服务器来定期使用机器学习模型就可以。因此，在各个机器上设置的那些应用数据，每个小时都会从物联网感知器上传到公司内部私有预置服务器里，并且在公司内部私有预置服务器环境内进行预测。接下来，预测结果将会按照故障发生概率的高低顺序，将可能发生故障的机器编号用邮件的形式通知到工厂厂长。在使用机器学习模型的预测故障期间，每天上午9时，由工厂厂长来确认邮件，并给维修人员下达维修指示。

将上述内容总结如下。

- 每天上午7时预测出各个机器的状态（正常或异常）。

- 在公司内部私有预置服务器环境内进行预测。

- 将预测结果用邮件的形式通知到工厂厂长。

最后，即便是企划已经走到了部署阶段，各个成员也需要考虑到一点，那就是机器学习模型是有可能发生前提条件变化的。这一点是绝不可以忽视的。A公司就以下两点进行了深入的探讨。

（1）在机器学习模型预测出的发生故障概率最高的5台机器中，如果真正出现故障的机器台数平均少于1台的话，其预测就不具备可信赖性。

当预测的不准确率超过20%时，维修人员就不能够再信任机器学习的预测结果，因此就需要终止机器学习模型的应用。

（2）如果机器制造的产品出现供给过剩，就不再需要提高生产效率以制造更多的产品，因此，也就没有必要去提高故障检测的质量，只要在机器发生故障时采取应对措施就足够了。

到了这种时候，就需要终止机器学习的应用。A公司在探讨后发现，关于第一种情况，建模阶段探讨的再学习操作其实很难实现；而关于第二种情况中的供给过剩，A公司认为最近5年内是不会发生这种情况的。因此，A公司决定用这个机器学习模型来进行概念验证。

## 案例二

# B公司使用机器学习实现了
# 不合格产品的检测

案例二的项目流程如图3-2所示。

## ▶ 规划阶段的思考方式

在B公司，产品每天都在生产流水线上进行组装和检测，在这些产品中，平均1000个产品中就会检测出1个不合格产品。为了进行不合格产品的检测，每天需要约500名检测人员到岗检查，当时B公司的检出率，即被检测成不合格产品当中真实的不合格产品所占比例约为99%。

尽管由于人手充足，保证了检出率维持在极高的水平线上，但是这个高水准是依靠极高的劳动力成本才得以完成的。如果能够做到自动检测出不合格产品，并使用比现在的检出率更高的算法，就可以削减约400人的劳动力成本，即现有劳动力成本的八成。B公司只需要保留剩余的约100名工作人员继续在生产流水线旁，作为双保险来进行二次检查就完全足够了。如果上述想法能够实现，就可以在很大程度上节

## 规划

### （概要）

生产流水线上有正在组装和接受检查的产品。平均1000个产品里会检测出1个不合格产品。为了检测出不合格产品，需要每天约有500人在生产流水线旁进行检查，现如今的不合格产品的检出率约为99%。

## 使用机器学习的理由

因为拍摄条件发生了显著的变化，图像数据的处理方式随之变化。

## 提高性能的要点

通过反馈被推断为不合格产品的数据结果、增加摄像头等方式来增加数据总量。

## 建模

### （输入数据和输出数据）

负责检测的摄像头拍摄的产品图像
→ 产品是合格产品，还是不合格产品。

※ 工厂拍摄并保存了1000张不合格产品的照片，以此作为不合格产品的图像数据。

## 可以作为成功基准的性能

• 检测出99%以上的不合格产品，被判定成不合格产品的不合格率超过30%。如果能达到以上的准确率，就可以投入实际应用。

图3-2

（课题及投资回报）

　　如果可以将该检测过程自动化的话，可以削减八成（约400人）用于检测的劳动力，可节省约20亿日元的成本。另外，如果能够降低一半的不合格产品漏检率的话，可以再减少用于处理投诉的成本，约5亿日元。

前提条件的变化

　　如果不合格产品的漏检率超过2%，就需要终止模型的应用。

## 导致性能下降的原因

　　由于新机器设备的导入，或者工厂的迁址、运转方法变化等原因，数据质量也会下降。

部署

（实际应用）

　　希望将那些在生产流水线上的产品的速度设置在100毫秒以内。在边缘设备上进行预测。预测结果将在设备上以逗号分隔值（CSV）格式得到保存，并每天上传到公司内部私有预置服务器3次。

• 能够将不合格产品的检出率恒定地保持在99.5%以上，就可以达到比人类更加精确的检测程度，从而可以实现降低投诉率、提高客户满意度的目标。

项目流程

省成本。首先，B公司可以节省八成的劳动力成本，算下来每年大约可以节省20亿日元的成本。其次，如果可以降低一半的不合格产品漏检率，就可以节省5亿日元的用于处理客户投诉的成本。（参照"规则一 应明确机器学习的投资回报率"）

以上就是B公司基于当前面对的课题和投资回报率而做的机器学习规划。虽然说导入机器学习有很多好处，但是它最大的好处是可以令机器学习模型学习大量的图像数据，从而做到在接触到一张产品图像的瞬间，就能够判断出这是不是不合格产品。因此，B公司正式开启了这个机器学习项目。

## ▶ 建模阶段的思考方式

建模的输入数据就是由负责检测的拍摄设备所拍摄的产品图像。机器学习模型根据这些图像来判定产品是合格的还是不合格的。在这之后，再给产品图像打上正确的标注，注明它究竟是合格产品还是不合格产品。另外，工厂需要提前准备1000张不合格产品的照片。因为合格产品的图像是可以随时得到的，所以B公司拍了10000张合格产品的照片，将它们作为机器学习模型的输入数据。

接下来，制作预测产品状态的机器学习模型。根据"规则四 应提高输出和输入的明确度"，让数据变得更具体——输入机器是用于检测的拍摄设备，输入数据是产品图像，输出数据是产品状态（合格产品或不合格产品）。除此之外，在输出之际，也可以灵活地运用三个机器。首先，在管理画面可以记录不合格产品的数据，接下来，如果有产品被判定为不合格产品，就会启动派特莱三色报警灯[1]，最后就是连接到可以自动去除不合格产品的系统。

建模最终成果的判断基准是检测到99%以上的不合格产品，将漏检率降低到1%以下，另外，在被判定为不合格产品中，不合格率要超过30%（**参照"规则五　应正确评价机器学习的性能"**）。在这个阶段如果通过了概念验证测试，机器学习模型就可以投入实际应用了。

另外，如果该模型能够恒定检测到99.5%以上的不合格产品的话，就能够达到比人类更加精确的检测程度，从而实现解放劳动力，降低投诉率，提高客户满意度的目标。

### ▸ 部署阶段的思考方式

考虑到实际运用的话，由于生产流水线上每秒过10个

---

[1] 派特莱三色报警灯是一种装置，有红色、绿色、黄色三种颜色，合格产品和不合格产品的灯光闪烁方式不同，从而帮助区分是合格产品还是不合格产品。

产品，因此机器学习模型需要在100毫秒以内能够判定出该产品是否为不合格产品。机器学习是要设置在边缘设备上的。机器学习模型完成的预测结果在边缘设备上以逗号分隔值格式得到保存，并每天上传到公司内部私有预置服务器3次。

根据"规则六　应提高对实际运用的预想程度"来思考一下导致机器学习模型性能下降的原因。生产流水线上的产品品种发生变化或对拍摄设备的设置发生变化等，都会导致机器学习模型性能下降。因此，B公司让机器学习模型进行了再学习。具体方法就是B公司将被判定成不合格产品的最终数据结果（这些被判定成不合格产品中，实际合格产品和实际不合格产品）设置成新的数据，令机器学习模型对其做出反馈。

关于前提条件的变化，如果不合格产品的漏检率超过2%，就会导致客户的投诉率提高，从而在很大程度上摧毁大众对公司的信任。因此，这个机器学习模型就不能再用了。因为漏检率上涨会给B公司带来很大的打击，所以需要在十分小心不合格产品的漏检率的基础上应用机器学习模型。

## 物联网的上行和下行

物联网分为上行和下行（图3-3）。所谓上行，就是指将那些从感应器等设备当中得到的数据上传至物联网，并且将数据储存在服务器的储存空间中。与此相对，所谓下行，就是根据从服务器中得到的预测结果，通过互联网，将命令、操控等从服务器发送到边缘设备上。如果是使用手机流量来发送命令的话，在一些情况下，上行和下行的单价是不同的。所以，用户应提前计算好上行和下行分别需要花费多少手机流量。

图3-3 物联网的上行和下行

## 案例三

# C公司使用机器学习实现了
# 自动推荐商品

案例三的项目流程如图3–4所示。

## ▶ 规划阶段的思考方式

　　C公司是一家以商品交易为业务核心的贸易公司，每位销售人员都有着自己负责的客户，需要听取客户的意见和需求，以便为他们推荐商品。那么在这个时候，C公司希望销售人员不依赖于过去的经验和直觉，而是要基于过往公司总体的数据和每位客户个人的购买数据，做到不论是精英还是新手都能够很好地为客户推荐商品，从而更加高效地提高客户的满意度。

　　具体的方式是什么呢？那就是通过使用机器学习模型来做出客户更有可能喜爱的商品一览表，再加上销售能力自动化上的每位客户的特性来确认应该推荐的商品。另外，销售人员还要能够确认每个商品的下单时期、数量的预测结果等。

C公司的业务中，所涉及的商品种类超过2000种，相当于每位销售人员平均要对接50位客户。所以C公司的现状就是能够很好地消化理解整体的产品体系，而且能够根据不同客户的需求做出合理的判断并推荐合适产品的员工，仅限于一部分销售精英。尽管均摊下来，每位销售人员的平均销售额约是1亿日元，但是事实上，只有前20%的销售精英的平均销售额是1.2亿日元。因此，C公司希望将公司内全部销售人员的业务水平都提升到前20%的销售精英的业务水平。

如果能够做到完全符合客户的期望，那么每位销售人员的平均销售额就会从1亿日元提高到1.2亿日元。如果公司内的全体销售人员，也就是现有的300名销售人员都可以做到这一点的话，那么将会提高60亿日元（2000万日元/人×300人）的销售利润。

另外，在销售中，如果公司对销售人员的依赖性降低的话，那么公司对薪酬的交涉力度就会提高，而且销售人员的加班时间也会减少。这样一来，C公司算出每位销售人员平均可以减少约100万日元的奖金，公司能够减少约3亿日元的成本（参照"规则一　应明确机器学习的投资回报率"）。

C公司还考虑了另外一种方法，那就是不依赖于机器学

## 规划

（概要）

公司现有300名销售人员。

每一位销售人员都有自己负责的客户，需要在听取客户的课题和需求之后为客户推荐商品。C公司希望的则是销售人员不要依赖于过往的经验和直觉，而是基于数据去推荐。

## 使用机器学习的理由

由于需要处理的商品超过2000种，销售能力自动化（Sales Force Automation，SFA）中的变数众多。

## 建模

（输入数据和输出数据）

- 在客户关系管理（Customer Relationship Management，CRM）系统中进行客户管理。
- 销售管理系统中的购买历史。
- 储存在销售能力自动化中的交涉谈判历史记录、事件具体内容。
- 为每个客户准备的推荐商品清单。

## 提高性能的要点

通过增加储存在销售能力自动化中的订单记录、项目等来提高精确度。

## 可以作为成功基准的性能

- 推测出5件购买可能性最高的商品后，其准确率（实际购买率）超过80%。

图3-4 案

（课题及投资回报）

　　如果能够做到严格根据客户的需求去推荐的话，平均每位销售人员的平均销售额度可以从1亿日元提高到1.2亿日元，如果300名销售人员都可以做到这一点的话，那么将提高60亿日元的销售利润。如果实现了导入机器学习，那么公司对于销售人员的依赖度就会降低。这样一来，公司对于薪酬的交涉力度就会提高，从而可以减少约3亿日元的成本。

前提条件的变化

● 预测结果的可信度低，30%以上的销售人员不信任模型给出的推荐。
● 销售能力自动化途径的变更或不再使用销售能力自动化。
● 不再致力于为已有客户推荐关联产品，而是改变方针，致力于开发新客户。

导致性能下降的原因

　　由于新产品的出现而导致未学习数据的增加、销售能力自动化使用方针的变化或评价基准的变化等原因导致模型的准确率降低。

部署

（实际应用）

　　每周为每位客户推荐一次商品。
　　学习与预测在公司内部私有预置服务器内进行。将预测结果，即为每位客户推荐的产品用Excel汇总成表。最终的目标是与销售能力自动化进行协作。

● 关于最终的预测结果，对前20%的销售精英们进行咨询，做到他们之中一半以上的人都能够信任模型的预测结果。

的项目流程

习制作推荐系统，而是由顶级销售人员来找出规律，将其作为一个普通的信息技术系统来做。然而，C公司现有销售人员300人，客户超过15000人，业务范围覆盖了2000多种商品。考虑到在找规律的过程中，变数和需要处理的数据都很多，因此C公司最终决定导入机器学习模型。

### ▶ 建模阶段的思考方式

C公司在建模阶段使用如下系统，以管理客户、记载销售日志为任务整理以下的数据，并将它们作为输入数据使用。

- 客户关系管理系统。
- 销售管理系统中的购买历史。
- 销售能力自动化中储存的交涉谈判历史记录及事件具体内容等。

那么，要如何输出推荐的商品呢？C公司需要根据"规则四　应提高输出和输入的明确度"来提高输出的明确度。与活跃在第一线的销售人员及机器学习项目负责人进行商谈后，C公司决定每天选择出5件商品推荐给客户。除此之外，C公司根据销售管理系统中储存的过往购买记录，找出给每位客户推荐的商品的"正确标注"。

最终的预测结果将以Excel形式记录，并以邮件的形式通知到各位销售人员。与此同时，销售人员也要协同销售能力自动化来建模，以达到自动推荐的目标。

C公司应该将什么样的性能评价指标定为目标呢？经过研讨，C公司决定设定以下目标：通过使用机器学习来选择出客户购买可能性最高的产品，并且准确率，即客户实际购买率要超过80%。根据实际情况，对前20%的销售精英们进行定向的咨询，做到他们之中一半以上的人都能够信任模型的预测结果。依据"规则五 应正确评价机器学习的性能"，增加定性分析。因为这个自动推荐模型也是面向销售人员的，所以如果销售人员无法做到信任它的预测结果的话，它的价值就无法在客户那边得到发挥。因此，让预测结果获得销售人员的信任，就是C公司最大的目标。

## ▶ 部署阶段的思考方式

依据"规则六 应提高对实际运用的预想程度"，思考一下模型实际的应用方法。C公司制作该机器学习模型是为了其能够帮助销售。关于机器学习模型的实际应用方面，C公司的目标如下：希望能够从各个系统中抽取数据，并保存在公司内部私有预置服务器。每周为每位客户推荐一次商品，推荐商品的预测结果以Excel形式保存，并能够在最后协同销售能力自动化工作。

在建机器学习模型时，C公司预想到一些可能导致性能降低的变数，如由于新产品的出现而导致未学习数据的增加或销售能力自动化使用方针的变化等。那么，随着销售管理系统中新的购买记录以及输入销售能力自动化中项目的增加，C公司也可以通过再学习来提高机器学习模型的性能。

最后就是关于前提条件的变化。可以说，如果公司内30%以上的销售人员不信任模型给出的推荐，就代表着这个模型的价值就不能够完完整整地传递到客户一方。另外，所用的销售能力自动化途径的变更或停止；或者销售方针发生改变，决定不再致力于为已有客户推荐关联产品，而是致力于开发新客户等，这些都是变数。如果发生类似的情况，就意味着C公司没有必要继续应用机器学习模型了。然而，C公司认为自己作为一家贸易公司，在5年内不会有很大的销售策略转变，因此决定在建模后进入并通过概念验证测试。

## 5G横空出世，带来了什么实际应用上的变化

2020年开始，日本也要开始商用5G了。所谓5G，其实就是接棒如今第四代移动通信技术的第五代移动通信技术。据说，第五代移动通信技术的上网速度最大可以达到现在的100倍。而且大众也在期待着，随着第五代移动通信技术的普及，能够获得更好用户体验的虚拟现实（VR）技术也可以获得普及。

那么，第五代移动通信技术的登场会给机器学习带来怎样的变化呢？虽说变化多种多样，但是随着实际应用手法的改变，在边缘部署、云服务器部署后，还会出现第三种部署方式，即基站部署。其实这种方式如今也是广为人知的。

随着第五代移动通信技术的出现，基站和设备的通信速度获得飞跃性的提升。在这之前，机器学习模型的预测一直都要做到速度极快，并且模型必须进行边缘部署。然而在第五代移动通信技术出现后，如果将机器学习模型安装在基站的话，就可以立刻令它工作起来（图3-5）。另外，安装在基站的话，就可以实现与以往的部署相比更加简单的管理，也不再需要一台台地准备高性能的边缘设备。现如今，该技术在无人驾驶以及工厂机器人等方面的应用也是备受期待的。

事实上，在2019年的冬天，亚马逊网络服务协同凯迪迪爱（KDDI）已经公开发布了"AWS Wavelength"服务。该服务可以通过亚马逊网络服务的服务器，为基站部署安装机器学习模型等各种软件。像这样的服务手法越发广泛，它们成为机器学习新的应用方法。

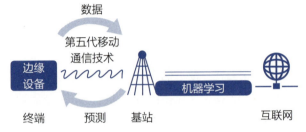

图3-5 第五代移动通信技术出现后，机器学习的新应用方法

# 第 四 章

# 未来的企业
# 与人工智能的应用

# 自动机器学习（Auto ML）与数据机器人（Data Robot）的登场，让机器学习迎来变革期

　　各位读者已经在前文中了解到机器学习项目的陷阱，并且看了许多企划案例。相信各位读者读到这里时都已经充分掌握机器学习项目的关键要点。接下来，介绍公司内部推进机器学习项目的四个阶段，如图4-1所示。

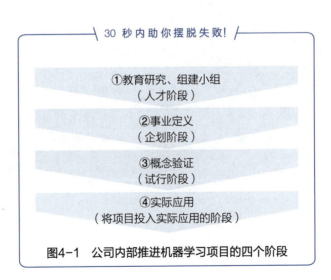

图4-1　公司内部推进机器学习项目的四个阶段

首先，开启一个机器学习项目时，需要选拔出充足的人才，并对其进行培养。这是为了能够组建一个强大的机器学习小组而进行的教育研究、组建小组阶段。接下来，就是事业定义阶段。在这一阶段，需要明确一点：到底是为了解决什么问题而去使用机器学习？第三阶段就是概念验证阶段。在这一阶段，需要做出试运行的作品，将企划具体化。最后，就是实际应用阶段。这一阶段的目的是产生实际的利益。

## ▶ 尽管在现在，大家都说机器学习工程师短缺……

　　说到机器学习的界限，笔者经常会听到类似的声音："Python工程师短缺""能熟练应用机器学习程序库管理程序Keras和TensorFlow的工程师实在太少了"等。所谓Python工程师，就是使用Python这门程序设计语言来做系统或机器学习模型的工程师。现如今，几乎所有的机器学习编程所使用的编程语言都是Python。可以说，在现今的机器学习领域中，Python工程师是需求度最高的工程师。所谓Keras和TensorFlow，也都是能够通过Python进行操作的程序库管理程序。人们使用这些程序就可以构建深度学习等机器学习模型。

然而最近，机器学习模型的构建，也可以通过自动机器学习或数据机器人等渠道完成。这些途径不需要编程，只要上传输入数据和希望预测出的输出数据，就能够轻轻松松地构建出最为合适的机器学习模型。如果这些途径得到普及的话，那么建模时就不再要求机器学习工程师的能力。这一点在"规则二　应把握可用数据和不可用数据"中提到过。提高数据的明确度、获取数据等，这些机器学习规划师的能力反而变得更加重要。

## ▶ "被人工智能夺走工作"的人才有哪些？

社会中有许多人都在热议，伴随着人工智能的崛起，究竟什么样的工作会被取代。关于这一点，笔者的意见似乎与主流意见相左。笔者认为，在最近的5～10年，机器学习工程师这一职业或许会率先消失。

笔者在第一章中提到过所谓机器学习工程师，他们的具体工作是什么呢？其实就是以各种数据为依托，通过使用Python、Keras和TensorFlow等构建机器学习模型，并以提高模型性能为目的不断地反复着试行错误。机器学习工程师是现如今最为短缺的职业，即便是刚刚毕业的学生，甚至也可以以年收入1000万日元的薪酬被雇用。关于这一点，还一度引发社会热议。然而现在，随着自动机器学习和数据机器人的普及，这些以提高机器学习模型性能为目的的工作逐渐地减少。

## ▶ 尤为短缺的是机器学习规划师

可是，即便自动机器学习和数据机器人正得到普及，但是像提出项目提案、思考目的、以投资回报率为基准来获取数据等工作还是必须由人类，也就是由机器学习规划师来完成。换言之，在今后，最为重要的工作部分，就是在进行机器学习模型的建模前的那一部分。

打个比方，在准备建模时，机器（拍摄设备、感应器等）会为人类收集数据。然而，需要收集什么样的数据呢？这一部分的内容是需要由人类的意志来决定的。也就是说，更为重要的事情就是成为这样的人才：能够在充分理解机器学习技术特征的基础上，根据公司所面对的课题定义事业。

机器学习规划师的特征是什么呢？那就是他们在充分理解机器学习技术的基础上，知道什么要点是必须纳入考量范围的。举个例子，在"规则一　应明确机器学习的投资回报率"中，笔者曾说过需要在明确机器学习项目与投资回报率这二者关系的基础上提出假说。"规则五　应正确评价机器学习的性能"中提到了机器学习特有的性能评价指标。并且第三章的企划案中也提到了要想维持准确率的话，应该持续性地对什么样的数据进行反馈等。本书中说到的七个规则以及机器学习商业模式画布等内容，都是机器学习规划师必须掌握的知识。也就是说，未来需求量最大的人才正是能够规划机器学习项目的人才。

不论机器学习模型的建模能够达到多么高的自动化程度，在建模前必须明确建模的目的是什么（规划）、需要什么样的数据（建模）、如何灵活地将模型投入应用（部署）。这些问题和七个规则中的相关要点都是走向未来的关键。

## 第二节
# 作为企业，重要的是"获取数据的觉悟"

尽管一家企业可能已经经历过多次投资，但是对企业来说，最为重要的是需要意识到：数据是很难获取到的。企业需要在有了这样的觉悟后，再实现对事业的定义。例如，"对企业来说，这个数据甚至可以帮助企业占据竞争优势地位，改变企业的命运。因此，即便是投资10亿日元，也一定要获取它！"只有像这样，以强烈的攻势决定投资机器学习项目的人才，才是真正意义上的稀有的机器学习规划师。

如果不能理解这一点，目光仅限于手头的事情，光想着"先试着导入手头的数据到机器学习里吧""快点试一下概念验证，看看机器学习模型做的到底行不行"，这样的人是不可能做出好的机器学习模型，为公司带来巨大的且根本性的变革的。这就叫"欲速则不达""因小失大"。

本书所说的机器学习规划师的重要性，也是与这一点十分一致的。机器学习规划师做不到像机器学习工程师那样直接建模。但是，机器学习规划师可以从机器学习工程师的创意中获取更加丰富的灵感与创造性，通过投资等办法获取应得的数据，并对其加之定义。可以说，机器学习规划师其实是企业与机器学习工程师的桥梁，在商业课题与整理方面发挥着重要的作用。

假设机器学习项目得到顺利的推进，最终进入实际应用的环节。其实从这时候开始，才是真正的战场，是真实的、带着汗味的俗不可耐的生活。将机器学习项目投入实际应用，其实是可以和企业的一线直接挂钩的。不论机器学习模型带来了如何准确的成果，如果这些成果不能获得工作在一线的人们的理解，那么它们就没有任何意义。

一线也分为许多种类。在进入概念验证阶段前，项目都是由企业的技术人员所在的研发部门负责推进。而到了实际应用的环节，就需要调整步调，令它适应一线的节奏。

举个例子，在检测不合格产品的一线中，有许多老手，他们一直都是用眼睛来检查的。包括工厂的责任人、生产技术和制造的负责人、货品调拨的负责人等，这些活跃在一线的人，都是实实在在的利益相关者。

因此，换句话来说，一线的责任人对机器学习模型的要求和期待是很高的。他们对自己的工作都保持着高度的自尊，因此，如果他们不承认"以后使用机器学习模型，做出改变是更好的"的话，那么机器学习模型就没有任何意义。

所以，机器学习规划师和机器学习工程师需要不断地重复改良模型、再学习、在一线进行标注等这一循环，以获得来自一线的人员的认可。因此，许多机器学习项目其实都是一线的老工人与机器学习模型两方并进，并且持续了许多年。从实际应用的方面来说，"与一线共存"是特别重要的一点。

专栏

## 人工智能的学习会成为未来的英语学习吗？

在这数十年间里，关于人工智能的学习，有许多都是被拿来与英语学习进行比较的。数十年前，日本的英语学习热潮来临。而其原因之一，其实就是日企要收购其他国家的企业，从而公司内的通用语言变成了英语。

的确，看现在的丰田汽车对优步（Uber）的出资等，就可以看出许多主打科技的大企业都正在推进与风险企业之间的协同合作。大的科技企业做大型收购的例子其实很少见，但是如果进行收购的话，企业内部的"通用语言"一定是人工智能技术了。人工智能技术已经成为一项必备的技术，这一点毋庸置疑。类似的新闻最近也多了起来，相信在未来，人工智能技术的需求量一定会越来越高。

## 第三节
# 增加公司内部机器学习人才的处方笺

随着机器学习模型的逐渐普及，不仅仅机器学习规划师和机器学习工程师，普通人能够熟练使用机器学习这项技术也逐渐成为理所当然的事。所以说，能够做到在商业领域中灵活运用机器学习技术、开发系统、改变一线操作方式的机器学习人才也成为公司内必需的人才。在这种情况下，日本深度学习协会也开始倡导将G测试等资格证作为进入公司的资格证。尽管已经反复提到多次，但笔者再次强调，机器学习项目不是靠着机器学习工程师一个人就能做好的。机器学习规划师、机器学习工程师、一线的操作工人等，有些情况下还需要销售人员的加入，才能够完成好一个机器学习项目。所以，机器学习技术需要获得各个利益相关者的理解。

### ▶ 再次探讨投资回报率的意义

负责经营管理的人士对成本是十分敏感的。事实上，如果真正开始做机器学习项目的话，至少也要花上几千万日元。作为经营者，需要有这样的觉悟：如今的机器学习项目需要实证，并且人才的需求高于供给，因此，如何最小化投资其实是个很难讨论出结果的命题，还不如去探讨如何将效果最大化，这一点反而是更为重要的。比起解决投资回报率小的问题，人们更应该用长远的目光，用三五年的时间去果敢地挑战投资回报率更高的课题。

## ▸ 成功的机器学习项目往往潜藏于舞台的背后

在机器学习项目中，有这样一个倾向：成功的机器学习项目往往潜藏于舞台的背后。我们经常在新闻当中听到人工智能这个词。这些报道通常不管模型的实际应用情况如何，一般都是选择一些容易吸引眼球的项目和事例来大肆宣扬人工智能。因此，那些认认真真地通过实际应用获得成果、解决问题的项目，却因为朴实无华而少被报道，鲜为人知。

在第二章的开头部分，笔者曾提到一家知名新闻网站的图像处理技术实例。尽管这个项目乍一看十分平常，而且很少被报道，但是它却确确实实地起到了很好的效果。同样是图像处理，有一个二手平台软件，对外宣传说它已经投入了相应的图像处理技术，不论用户们拍摄什么商品的照片，它都能够瞬间为用户锁定目标，而且它的机器学习模型可以在一瞬间内锁定商品的种类及价格区间等。尽管对这种业务不感兴趣的人对这种技术视而不见，但是对于商品的展销方，以及频繁购买的消费者来说，这是一项无与伦比的好技术。加之，对这个软件的运营网站来说，如果商品上架数量增加，它可以得到的就是实实在在的直接利润。因此，这是一个非常好的策略。

另外，在机器学习项目中也有着各种各样的实际应用方面的实例。例如，知名购物网站会按照销量排名，有针对性地给不同的消费者推荐商品，还有知名食品网站的评分、服饰销售网站的服装颜色展示技术等，这些十分细致的、很难被人们注意到的技术，其实为企业带来的收益改善也是以亿日元为单位的。事实上，这种机器学习模型的应用已经变得和柴米油盐一样平常了。

机器学习规划师如果只关注那些外表光鲜、夺人眼球的人工智能实例的话，是注定会失败的。机器学习规划师需要扎实地看清各个行业特有的课题，拿出能够带来实在效果的策略，并且做到与利益相关者的步调相一致，稳扎稳打地推动项目前进。

# 后记

"人工智能热潮如果还是像这样继续的话……"

说实话,这是发自我内心深处的呼声。我曾经在水处理实验室里待过,当时我们的实验室主要就是研究如何使用机器学习来达到水处理的最优化。在那里,我第一次接触到机器学习。在感激机器学习为我们带来新的可能性的同时,也遇到了机器学习带来的问题,当时各位实验室的前辈们其实都是水处理方面的专家,而非机器学习的专家。

因此,当时的我为了能够掌握机器学习的知识,吃了许多的苦头,而且我想这样的人一定不止我一个吧。所以后来,为了让大家能够轻松学习人工智能,我开始为用户们提供Aidemy服务。

开始提供Aidemy服务后,我了解到原来人工智能的可能应用领域比我想象中的还要广阔。它不仅仅局限于水处理,还可以延伸到汽车的无人驾驶、材料科学、医疗、预测需求、动态程序设计、检测不合格产品等,不一而足。相信本书的各位读者一定也有着各自的专业背景。正因为各行各业都在关注人工智能，所以我甚至感到人工智能就是21世纪的最新教养。

其实，看到各行各业对人工智能的关注，我的内心是十分开心的。然而与此同时，我也倍感焦虑，因为它还没有做出十分显眼的成果。因此，Aidemy做的不仅仅是人工智能的学习服务，现在也开始提供关于实际应用的咨询服务和技术支持等。除此之外，我还以"人工智能系统自制支持"这一概念为基础，拓宽了服务对象与领域。由此，我认识到，目前我所遇到的瓶颈，其实就是本书提到的机器学习规划师人才短缺，以及使用机器学习来解决课题的技巧还没有形成体系。在认识到这一点后，我就开始了本书的写作。

我希望各位读者在读完本书后，一定要以本书提到过的机器学习相关思考方式为出发点，去考虑如何使用机器学习来解决课题。这是我希望大家放下本书后做的第一件事。如果有正在做企划或正在实行企划的读者，那么各位可以以本书给出的思考方式为依据重新更新一下企划内容。

机器学习不应该仅仅止步于成本削减，更应该成为一个契机，帮助企业占据竞争优势，并为客户提供新的附加价值。

企业应该时常自问自答如下问题："我们的目标性能是什么？""我们是否积极地投资数据来占据竞争优势地位？""在进入实际应用后，有没有一些应该改变的观点呢？"

等等。企业通过对自己的企划进行设问会发现新的视角，从而能够离企划进入实际应用更近一步。

最后，请允许我对致力于本书出版的相关人士表达我最真挚的谢意。首先，就是在本书的写作中给予我许多灵感与提点的Aidemy Business各位同事。尤其要感谢金田喜人、关喜史、足立悠三位同事，如果没有他们的协助，"七个规则"的骨架也不会建立起来。接下来，感谢为本书的编辑与企划费尽心力的菱田编辑事务所的菱田秀则老师，以及角川书店株式会社的角田显一朗老师，如果没有二位的帮助，本书也不会顺利写成。

我真切地希望本书可以让更多的人感受到机器学习的魅力，让机器学习可以更进一步地走向实用化。